Wolfgang Sünkel
Erziehungsprozess und Erziehungsfeld
Herausgegeben von Johanna Hopfner

Pädagogik und Gesellschaftskritik

Herausgegeben von
Armin Bernhard l Eva Borst l Matthias Rießland

Die Buchreihe leistet einen Beitrag zu einer Pädagogik, die grundlegend auf Gesellschaftskritik beruht und sich zugleich als Gesellschaftskritik versteht. Im Zentrum stehen Fragen nach der wechselseitigen Abhängigkeit von Individuum und Gesellschaft, der Beziehung zwischen Politik und Pädagogik sowie dem Verhältnis von Erziehung, Bildung und Gesellschaft. Auf der Basis einer kritischen Gesellschaftstheorie will die Buchreihe Reflexionen und Diskussionen über Erziehung und Bildung ermöglichen und pädagogische Perspektiven entwickeln.

Wolfgang Sünkel

Erziehungsprozess und Erziehungsfeld

Allgemeine Theorie der Erziehung
Band 2

Herausgegeben von Johanna Hopfner

Der Autor
Wolfgang Sünkel (*22. Januar 1934 in Detmold; †29. März 2011 in Erlangen) lehrte an der Universität Erlangen Pädagogik mit historisch-systematischem Schwerpunkt. Die pädagogische Grundlagenforschung bereicherte er mit anthropologischen Schriften, der Allgemeinen Didaktik in der Phänomenologie des Unterrichts und seiner Theorie der Erziehung.

Die Herausgeberin
(*1959 in Parsberg/Opf.) lehrte an den Universitäten Würzburg und Graz Allgemeine Pädagogik. Schwerpunkte sind historisch-systematische und begriffliche Grundlagen, Geschlechterforschung und Ratgeberliteratur.

Dieses Buch ist erhältlich als:
ISBN 978-3-7799-8653-9 Print
ISBN 978-3-7799-8654-6 E-Book (PDF)
ISBN 978-3-7799-8655-3 E-Book (ePub)

1. Auflage 2025

© 2025 Beltz Juventa
Verlagsgruppe Beltz
Werderstraße 10, 69469 Weinheim
service@beltz.de
Alle Rechte vorbehalten

Satz: xerif, le-tex
Druck und Bindung: Beltz Grafische Betriebe, Bad Langensalza
Beltz Grafische Betriebe ist ein Unternehmen mit finanziellem Klimabeitrag
(ID 15985-2104-1001)
Printed in Germany

Weitere Informationen zu unseren Autor:innen und Titeln finden Sie unter: www.beltz.de

Für Generationen von Studierenden
und in Gedenken an Brigitte Eiermann-Trokič.

Tout ce que nous n'avons pas à nôtre
naissance et dont nous avons besoin étant
grands, nous est donné par l'éducation.
Jean-Jaques Rousseau (1762)

Alles, was uns bei der Geburt noch fehlt
und was wir brauchen, wenn wir groß sind,
gibt uns die Erziehung.

Inhalt

Vorbemerkung

Wolfgang Sünkel verspricht im Zusatz zu § 167 des ersten Bandes seiner Allgemeinen Theorie der Erziehung vorsichtig, aber immerhin ein Wiedertreffen mit dem geduldigen Leser, der ihn und seine Gedanken bis dahin, so hoffte er, „mit kritischem Wohlwollen begleitet hat." (Sünkel 2011, S. 183). Sein Wunsch blieb leider unerfüllt. Das Thema und der Wille, die Tatsache der Erziehung vollständig zu erfassen, ließ ihn jedoch zeitlebens nicht mehr los. So stellte er den dritten Teil über den Erziehungsprozess noch vollständig selbst fertig. Für den vierten Teil über das Erziehungsfeld konnte ich auf gedankliche Rekonstruktionen aus den gemeinsamen Gesprächen und die von ihm selbst autorisierten Mitschriften aus den Vorlesungen zurückgreifen, die im Sommersemester 1985 von Edgar Birzer und Christine Sommer zusammengestellt worden waren. Das „Scriptum zur Vorlesung von Professor Dr. Wolfgang Sünkel – Theorie der Erziehung. Abriss der Allgemeinen Pädagogik" stand seither am Lehrstuhl I des Instituts für Pädagogik für die Hörer*innen der gleichnamigen Vorlesung als Arbeitspapier zur Verfügung. Nachdem seine Witwe Frau Siggi Sünkel mir die unveröffentlichten Texte ihres Mannes vertrauensvoll überlassen und ihr Einverständnis zu ihrer Veröffentlichung erteilt hat, übergebe ich diese nun mit herzlichem Dank den geneigten Leser*innen, die ausreichend Geduld aufbringen konnten, so lange zu warten. Ein besonderer Dank gilt an dieser Stelle Armin Bernhard, Eva Borst und Matthias Rießland, den Herausgeber*innen der Reihe „Pädagogik und Gesellschaftskritik", und den sorgfältigen verantwortlichen Mitarbeiter*innen des Verlages Beltz Juventa, die diese Fortsetzung ermöglichten und damit nichts vorenthalten, was im Anschluss an den ersten Band noch „zu betrachten und zu bedenken bleibt" (Sünkel 2011, S. 183).

Teil III:[1]
Der Erziehungsprozess

---

1 Um den gedanklichen Einstieg in diesen zweiten Band zu erleichtern, hier der Aufbau des Gesamtwerks:
Band I: Prolog; Teil I: Der Erziehungsbegriff; Teil II: Das Erziehungsverhältnis
Band II: Teil III: Der Erziehungsprozess; Teil IV: Das Erziehungsfeld; Epilog
(Die Abschnitte, Kapitel und Paragraphen sind ebenfalls durchlaufend nummeriert.)

Zehnter Abschnitt:
„Erziehung braucht Zeit." Der Prozessbegriff

30. Kapitel:
Die Erziehungszeit und ihr schwieriges Ende

§ 168

Dass Erziehung Zeit (ver)braucht, ist die schmerzliche Erfahrung derer, die von ihr rasche Ergebnisse und Erfolge erwarten; eines Lehrers, der eine methodische Neuerung einführt – und sie wieder aufgibt, wenn sich nicht alsbald ein messbarer Unterrichtserfolg einstellen will; eines Elternpaares, das sich von einer bestimmten pädagogischen Maßnahme eine Erleichterung des Familienlebens verspricht, aber nicht die Geduld aufbringt, darauf zu warten – oder nicht einmal weiß, dass geduldiges Warten nötig ist; einer Regierung, wenn sie eine Bildungsreform durchsetzt, die alsbald von der Opposition als wirkungslos zensiert wird – wobei hier ja oft schon die Reform selbst von Ungeduld beherrscht war. Sie alle, wenn sie lernfähig wären, könnten es lernen: Erziehung braucht Zeit. Aber was heißt das?

Erziehung braucht *historische* Zeit; ihr Zeitmaß ist die Abfolge der Generationen in ihrem Verhältnis von Vermittlung und Aneignung des Dritten Faktors. – Erziehung verbraucht *biographische* Zeit; hier ist das Zeitmaß einerseits gebunden an den natürlichen Vorgang der Reifung des Organismus, andererseits abhängig von dem Umfang und Komplexitätsgrad des anzueignenden Dispositionensystems. Der letztere Umstand macht das Zeitmaß historisch variabel; es kann zwischen etwa einem Fünftel und einem Drittel der individuellen Lebenszeit schwanken. – Die beiden Aspekte, der historische und der biographische, stellen zusammen die Zeitdimension der Erziehung dar: Erziehung entfaltet ihre Strukturen in einem irreversiblen Nacheinander verschiedener, sich verändernder Gestalten des Erziehungsverhältnisses.[1]

§ 169

Nun kann aber die Erziehungszeit nicht vorgestellt werden als ein ruhig und gleichmäßig dahinfließender Strom; sie ist eher mit dem Wildwasser vergleichbar, das seine Geschwindigkeit ständig ändert, das über Katarakte stürzt, sich durch Stromschnellen zwängt und sich zwischendurch in stillen Partien auch

---

1   2 Es wird Bezug genommen auf das 8. Kapitel aus dem Ersten Teil (Sünkel 2011, §§ 51 ff., S. 63–66.).

wieder erholt. Erziehungszeit ist – ohne Metapher gesagt – die durch Erziehung strukturierte Zeit; und die Allgemeine Theorie steht vor der Aufgabe, diese *temporalen Strukturen* der Erziehung zu ermitteln und darzustellen.

Zeitstrukturen sind Strukturen des Zeitverlaufs; sie zeigen sich im Vor-, Neben- und Nacheinander unterschiedlich gefüllter Zeitstrecken oder verschieden markierter Zeitpunkte. Ich bezeichne diese Strukturen als *Zeitdifferenzen*.

§ 170

Der Leser weiß, welche Zeitdifferenz der historischen Erziehungszeit zugrunde liegt, nämlich: dass die Zeit, in der erzogen wird, eine andere ist als die Zeit, *für* die erzogen wird. Theoretisch genauer gesagt: Die Zeit des Erwerbs der Dispositionen differiert von der Zeit ihres Gebrauchs. Das ist ein schlichter Sachverhalt, aus dem zunächst kein nennenswertes Problem erwächst, jedenfalls so weit nicht und so lange nicht, wie die benötigten Dispositionen auch erwerbbar und die erworbenen auch brauchbar sind, das gesellschaftliche Dispositionensystem (vgl. Sünkel 2011, § 36, S. 48) also in beiden Zeitstrecken, in der Erwerbs- und in der Gebrauchszeit, im Wesentlichen dasselbe bleibt und der Erzieher, während er sie vermittelt, schon weiß, welche Tätigkeitsdispositionen (TDs) der Zögling künftig benötigen wird. Das ist immer der Fall, wenn das Tempo der kulturellen Evolution das Tempo der Generationenabfolge nicht überschreitet. So war es in fast der ganzen bisherigen Geschichte der Menschheit; nicht einmal so hochinnovative Epochen wie die neolithische Revolution oder die Industrialisierung waren imstande, die Generationenfolge zu überholen[2].

In der jüngsten Moderne jedoch und gegenwärtig mehren sich Zeichen, dass ein solcher Überholvorgang begonnen haben könnte. Im technischen und im Bereich technikgestützter Kommunikation und Organisation scheint es dahin zu kommen, dass es einige oder viele der Tätigkeitsdispositionen (TDs), die in der Gebrauchszeit benötigt werden, zuvor, als sie hätte erwerben sollen, noch gar nicht gegeben hat; oder dass es – umgekehrt – für zuvor erworbene TDs später gar keine Anwendung mehr gibt. Das wäre dann ein Strukturzerfall der historischen Erziehungszeit, der mit Neustrukturierungen aufzufangen wäre, die sich bereits in zwei Richtungen abzeichnen: Zum einen wird, unter dem Stichwort des so genannten „lebenslangen Lernens", der TD-Erwerb teilweise in die Gebrauchszeit integriert; zum anderen sollen, unter dem Stichwort der „Schlüsselqualifikationen", während der Erwerbszeit die unspezifischen und generalisierbaren TDs bevorzugt vermittelt werden: eine Tendenz, die, konsequent verfolgt und über den

---

2   Das gilt vermutlich auch noch für das Zeitalter der sogenannten „Globalisierung" (Anmerkung, J.H.)

unterrichtlichen Bereich hinausgeführt, eine Rehabilitation und Neufassung des Konzepts der Formalbildung zur Folge haben müsste.

Erster Zusatz. Ob sich das Tempo des Überholvorgangs fortsetzen und steigern wird, ob der Umfang des davon betroffenen Ausschnitts des gesellschaftlichen Dispositionensystems gleich bleiben, wachsen oder vielleicht schrumpfen wird: futurologische Aussagen sind ungewiss, weil ihre Extrapolationen immer auf willkürlich angenommenen Kontinuitäten fußen. Es könnte sich ja auch um einen zeitweiligen technologischen Schub handeln, der schließlich seine Schubkraft einbüßen wird, sodass sich, vielleicht schon nach wenigen Jahrzehnten, die alte Struktur der historischen Erziehungszeit wieder herstellt im Gleichschritt der beiden Tempi und mit den ‚normalen' institutionellen Verzögerungen (z. B. dem „Paulsen-Effekt" bei professioneller TD-Vermittlung). Da aber auch dann der Anteil und das Gewicht der *spezifischen* Dispositionen noch so groß bleiben dürfte, dass sie nicht alle in der Erwerbszeit Platz haben, bleiben das (wohlverstandene) ‚lebenslange Lernen' und die ‚neue Formalbildung' weiterhin lohnende Projekte der pragmatischen Pädagogik.

Zweiter Zusatz. Eine theoretische Vermutung mag ich nicht verschweigen, obgleich sie jetzt spekulativ ist und erst die Erfahrungen fernerer Zukunft eine Entscheidung zulassen werden: Könnte nicht die Generationenabfolge selber der Bocken sein oder ihn enthalten, der ein allzu forsches Tempo der kulturellen Evolution herunterbremst?

§171

Was nun die biographische Erziehungszeit angeht, so kann ich auch hier vom Trivialen ausgehen: Erziehung fängt an – und hört auf. Unabhängig davon, wann der eine, wann der andere Zeitpunkt angesetzt und welches Kriterium einer solchen Datierung zu Grunde gelegt wird: in die Zeitdifferenz von Anfang und Ende ist jede Erziehung eingeschlossen. Nur besagt diese Bestimmung nicht viel; sie legt die Verlaufsrichtung der Erziehungszeit fest und lässt die Füllung dieser Zeitstrecke unbestimmt. Erst wenn man die extreme Zeitdifferenz in kleinere – bis hin zu kleinsten – Zeitdifferenzen auflöst, werden konkrete Verlaufsstrukturen sichtbar; so kennt z. B. jeder Lehrer die Zeitdifferenz von Aufgabenstellung und Aufgabenlösung als eine der Grundstrukturen der Unterrichtszeit und weiß, dass auch sie wiederum in kleinere Zeitdifferenzen (etwa in: Aufgabenstellung – Aufgabenverständnis – Lösungsversuch – Lösungshilfe – Aufgabenlösung) zerlegbar ist. – Gleichwohl ist ratsam, den Anfang und das Ende der Erziehungszeit genauer ins Auge zu fassen, und wenn es nur deshalb wäre, herumwuchernde Missverständnisse und Fehlmeinungen zu revidieren.

§ 172

Der *Anfang der Erziehung* ist nicht als exaktes Datum fixierbar. Erziehung fängt – ihrem Begriff nach – an, wenn der Zögling sich die erste ihm vermittelte nichtgenetische Tätigkeitsdisposition anzueignen beginnt. Wann genau er das tut, individuell gesehen oder im statistischen Durchschnitt aller Zöglinge, ist verborgen und kann auch verborgen bleiben. Es sind ja nicht nur die mit der Foetus- und Säuglingsbeobachtung grundsätzlich verbundenen methodischen und interpretatorischen Schwierigkeiten, die eine genauere Empirie be- und verhindern; es steht vor allem ein theoretischer Sachverhalt im Wege, nämlich dass die frühen Aneignungen des Zöglings allesamt auf protopädische Weise ablaufen, sodass sie, wenn überhaupt, als Ergebnisse, nicht aber als Geschehen wahrnehmbar sind. Und weil Protopädie immer spontan in Gang kommt und im Gang bleibt, ist die Frage nach dem faktischen Anfang der Erziehung *in praxi* unerheblich; der Anhaltspunkt ist die Geburt, verstanden als perinataler Zeitraum von unbestimmter Ausdehnung.

§ 173

Auch für das Ende der *Erziehung* gibt es kein exaktes Datum. Zwar ist es leicht, für Teilbereiche – in Bezug nicht nur, aber vor allem auf institutionalisierte Erziehungsinstitutionen – ein Ende der vermittelten TD-Aneignung begrifflich zu bestimmen: Eine Berufsausbildung, z. B., findet genau dann ihr Ende, wenn der Lehrling das Ausbildungziel, die basale Berufsqualifikation, erreicht oder auf Dauer verfehlt hat; und sobald ein Zögling, z. B., den festen Entschluss fasst, fremdes Eigentum immer zu respektieren oder grundsätzlich zu missachten, ist die moralische Erziehung in Sachen Diebstahl beendet. Und wer das Alphabet zu beherrschen gelernt hat, egal wann, braucht keinen Lese- und Schreibunterricht mehr, es sei denn, er benötigt ein weiteres, anderes Alphabet. Aber ein Bild vom Ende der Erziehung insgesamt kann aus solchen partiellen Beendigungen nicht entstehen, zumal diese zu ganz unterschiedlichen Zeitpunkten eintreten. Hat also die Erziehung insgesamt gar kein Ende? Endet sie mit dem Tode, so wie sie mit der Geburt begann? Sie wäre dann selbstzwecklich, was sie aber nicht sein kann, weil sie als eine Tätigkeit bestimmt ist, die andere Tätigkeiten vorbereitet und ermöglicht. Ihr immanenter Zweck ist, dass sie beizeiten aufhöre.

Erster Zusatz. In der pädagogischen Tradition findet man das umfassendste Konzept einer ‚lebenslangen Erziehung' bei *Johannes Amos Comenius* im 17. Jahrhundert. In seiner *Pampaedia* deutet der große Morave das menschliche Leben als ein Schulsystem, das mit der Schule des vorgeburtlichen Werdens (*schola geniturae*) beginnt und mit der Sterbeschule (*schola mortis*) endet. Es wäre freilich ganz falsch, die Pampädie als ein Erziehungstagebuch im üblichen Sinn von Erziehung zu verstehen. Zwar kommt Erziehung darin ausgiebig zur Sprache: In den *scholae infantiae, pueritiae et adolescentiae* (Kleinkinder-, Kinder und Jugendschulen) ist die pädagogische Konzeption des *Comenius*, wie er sie zuvor schon anderen Schriften, besonders in der *Großen Didaktik*, entfaltet hatte, aufgenommen, wiederholt und angereichert worden. Aber die Ausweitung ins Lebenslängliche verdankt sich doch einer anderen Sichtweise. Es sind die Augen des frommen Theologen, die ihn das diesseitige Leben des Menschen nicht als selbtszwecklich, sondern als Vorbereitung und Ermöglichung seines jenseitigen, ewigen Lebens ansehen lassen. So verliert „Schule" die wörtliche Bedeutung und wird hier zu einer frommen Metapher, die theologisch, nicht pädagogisch gedeutet werden muss. Überdies ist *Pampaedia* kein isolierter Text, sondern bildet den Mittelteil seines siebenteiligen Großwerks „über die umfassende Reform aller menschlichen Verhältnisse und Angelegenheiten im Geist eines allgemeinen Christentums"[3]. – Dass Bilder aus dem Erziehungsbereich im uneigentlichen Sinne verwendet werden, ist nicht selten. Es geschieht völlig offen, sowohl alltagssprachlich, wenn man ein neues Gehölz für den Garten aus der „Baumschule" holt, als auch auf philosophischen Höhen, wenn *Lessing* die „Erziehung des Menschengeschlechts" als heilsgeschichtliche Metapher entfaltet[4]. Es geschieht aber an zahllosen Stellen auch versteckt und oft ohne jeden theologischen Hintergrund; es lohnt sich, danach zu suchen. Wann immer man hört oder liest, dass Erziehung die Menschheit voranbringen, dass sie das Maß erwachsener Freiheit erweitern, Utopien verwirklichen und dass Schule einer humaneren Zukunft der Gesellschaft den Weg bereiten könne oder solle, dann liegt der Verdacht nahe, dass es sich in Wahrheit um einen metaphorischen Gebrauch des Erziehungsbegriffs handelt.

Zweiter Zusatz. Der Kuriosität halber werfe ich die Frage auf, ob sich nicht die Erziehungszeit auch über den Tod hinaus verlängert denken ließe? Als scherzhaftes oder satirisches Szenario kann das eine hübsche Vorstellung sein, z. B. wenn Faust im Jenseits als Schullehrer von den seligen Knaben, denen Mephistopheles die Streiche einflüstert, geplagt und gepeinigt wird.[5] – Aber es gab auch ein (soweit ich weiß einziges) ernsthaftes Konzept eines *postmortalen Curriculum*. Der große frühchristliche Denker und Lehrer *Origenes* (um 185 – verm. 254) hat es aus einer Briefstelle des

---

3 Dies ist eine ‚deutende Übersetzung' des Titels: *De rerum humanarum emendatione consultatio catholica.*

4 G. E. Lessing, die Erziehung des Menschengeschlechts, Ges.Ww. ed. P. Rolla, Bd. 8, Berlin (DDR) 1956, S. 590 ff. – § 3: „Ob die Erziehung aus diesem Gesichtspunkte zu betrachten in der Pädagogik Nutzen haben kann, will ich hier nicht untersuchen. Aber in der Theologie kann es gewiß sehr großen Nutzen haben, und viele Schwierigkeiten heben, wenn man sich die Offenbarung als eine Erziehung des Menschengeschlechts vorstellet."

5 So zu lesen bei *Friedrich Theodor Vischer.* Faust, der Tragödie dritter Theil (1862/1886).

Apostels *Paulus* (1. Kor. 13, 12) heraus entwickelt.[6] *Paulus* behandelt dort den Gegensatz des Erkennens im „Jetzt" (ἄρτι) und des Erkennens im „Dann" (τότε). Im „Jetzt" erkennen wir Dinge, platonisch gedacht, nur im Abbild, gleichsam gespiegelt, und nur unscharf, wie ein Rätsel, im „Dann" aber die Urbilder selbst und scharf, ungespiegelt und unverrätselt; im „Jetzt" geschieht die Erkenntnis nur „stückweise" (ἐκ μέρουςim), im „Dann" jedoch im ganzen Zusammenhang der Schöpfung mit dem Schöpfer. *Origenes* nun stößt hier auf ein Problem, das *Paulus* nicht beachtet oder nicht gesehen hat: dass nämlich ein solcher Umbruch des Erkennens nicht plötzlich eintreten, nicht auf die Weise des Alles-auf-einmal geschehen kann, sondern „ziemlich viel Zeit *(non parum temporis)*" beansprucht. *Origenes* konnte dieses Problem sehen, weil er, anders als der Apostel, ein unterrichtserfahrener Lehrer und Schulorganisator war. Der Zeitfaktor verwandelt das Erkenntnisproblem in ein didaktisches Problem und nötigt, zwischen das paulinische Jetzt und Dann eine Zwischenzeit einzuschieben und einen Zwischenort festzulegen (das biblische Paradies), wo die Schule der toten Heiligen ihr Unterrichtswesen errichten kann. Das Curriculum umfasst, nun wieder ganz paulinisch, zwei Kurse: der erste widmet sich der Entspiegelung und Enträtselung der Einzeldinge, der zweite der Entfaltung des göttlichen Schöpfungsplans im ganzen. Nur wer die Lehrer an dieser Schule sein werden, lässt *Origenes* offen; vielleicht ‚dann' er selbst? – Nun, das Ganze ist spekulativ, Glaubenssache und, zugegeben, ohne wissenschaftliche Bedeutung; aber mir gefällt, dass noch eine Menge pädagogische Logik hindurch schimmert.

Dritter Zusatz. Im heutigen Diskurs werden gegen die Endlichkeit und Vorläufigkeit der Erziehungszeit gern Argumente gebraucht, die sich unter dem Stichwort vom *lebenslangen Lernen* sammeln. Das betrifft vor allem diejenigen Pädagogiker, die ‚das Lernen' zu einem Grundbegriff der Erziehungswissenschaft erheben möchten. Ich verstehe das Motiv dieser Kollegen; sie wollen die Vermittlungszentriertheit des herkömmlichen Erziehungsparadigmas durch eine Aneignungszentriertheit ausgleichen, laufen dabei jedoch Gefahr, die eine Einseitigkeit durch die entgegengesetzte zu heilen. Und sie tappen in die Falle des Lernbegriffs selbst, der ja nur einen ‚Namen' hergibt für eine große Vielfalt heterogener Phänomene und dessen Allgemeinheit daher eine – mit *Hegel* zu sprechen – „leere" Allgemeinheit ist. – Gewiss; der Mensch lernt sein Leben lang, und zwar verschiedenste Dinge auf verschiedenste Weise; wer aufhört zu lernen, ist dem Tode geweiht. Wir lernen aus Erfahrung und aus Einsicht, wir lernen forschend und experimentierend, wir lernen auswendig und inwendig. Unwesentliches durch Gewohnheit und Wesentliches unter den Schlägen des Schicksals; aber: All das hat mit Erziehung nichts zu tun, denn es betrifft *unvermittelte* Aneignungen. Unter deren Gegenständen mögen

---

6   *Origenes:* De principiis II, 11, 6 f. – Das Original Περὶ ἀρχῶν ist, bis auf wenige Fragmente, verschollen; erhalten ist aber die vollständige Übersetzung des *Rufinus* von Aquileia (ca. 345–410); daher das entscheidende Zitat auf Lateinisch.

sich durchaus auch Tätigkeitsdispositionen befinden, aber als unvermittelte liegen diese Aneignungen jenseits des Erziehungsbegriffs, sodass sich die Frage nach dem Erziehungsende wiederum erhebt.

§ 174

Hinsichtlich der *historischen* Erziehungszeit ist das Ende der Erziehung leicht, allerdings nur abstrakt und allgemein, bestimmbar. Es ist der Zeitpunkt, an dem eine ‚aufwachsende' Generation sich in eine ‚erwachsene' verwandelt und in die Aufgabe, arbeitende und vermittelnde Generation zu sein, eintritt. Das Ende der Erziehung ist zugleich der Anfang der *Erwachsenheit*, des Zustands der vollständig entfalteten Gesellschaftlichkeit des Menschen. Der Erwachsenenstatus beruht nun aber auf gesellschaftlicher *Zuschreibung* dergestalt, dass eine jede Gesellschaft – sei es in der Form ihrer Sitte, sei es, wenn sie eine staatliche Struktur besitzt, durch legislative Willkür, zweierlei Dinge festlegt: zum einen, wann, d. h. ab welchem Zeitpunkt ihrer Biographie, die Individuen als erwachsen gelten sollen; zum anderen, ob allen Individuen die uneingeschränkte Erwachsenheit gleichermaßen oder ob bestimmten Gruppen keine oder nur eine eingeschränkte Erwachsenheit zugestanden wird. Für das Ende der Erziehung im Sinne der historischen Erziehungszeit ist die erste Festlegung von Belang: Erziehung endet nicht dann, wenn sie ihr Werk vollendet hat, sondern sie muss mit ihrem Werk fertig sein, wenn ihr Ende (nicht aus ihr selbst heraus, sondern von außen her) bestimmt und festgelegt ist.

Erster Zusatz. In der Bundesrepublik Deutschland erfolgte die jüngste derartige Festlegung, als der Deutsche Bundestag am 31.07.1974 das Volljährigkeitsalter vom vollendeten 21. auf das vollendete 18. Lebensjahr vorverlegte mit der Folge, dass damals vier Geburtsjahrgänge gleichzeitig ‚erwachsen' geworden sind. Es waren vielfältige Gründe im Spiel: Man wollte das neu erwachte Selbstbewusstsein der Jugend würdigen, ihr politisches Engagement in staatspolitische Bahnen lenken, die ärgerliche Kluft zwischen Wehrpflicht und Wahlrecht schließen; und mitbestimmend war gewiss auch die damals nicht unbegründete Hoffnung der Regierungspartei auf das neu erschlossene Wählerpotential. Nur, welche teils gravierenden Folgen in der Schulpädagogik und vor allem im Bereich der sozialpädagogischen Institutionen, wo die Kontinuität der Einwirkungen gefährdet oder vernichtet wurde, zu erwarten waren, hat man bei der Entscheidung nicht mitbedacht oder in Kauf genommen.

Zweiter Zusatz. In der *sozialhistorischen Rekonstruktion* ist davon auszugehen, dass in den vorstaatlichen Kleingesellschaften der Ur- und Frühgeschichte der Erwachsenenstatus an die Geschlechtsreife geknüpft gewesen ist: Wer Nachwuchs hervorbringen kann, ist erwachsen, sei es in potentieller, sei es in faktischer Elternschaft. Diese – sozusagen naturnahe – Zuschreibung kann so lange funktionieren, wie die Zeit der

Kindheit als Erziehungszeit ausreichend ist; sie wird fraglich, wenn sich der Eintritt der Geschlechtsreife klima- und ernährungsbedingt verschiebt; und sie gerät außer Kraft, sobald die zum Über- und Weiterleben der Gesellschaft notwendigen Tätigkeitsdispositionen in Zahl, Umfang und Komplexität dermaßen zunehmen, dass sie während der Kindheit nicht mehr vollzählig und gründlich angeeignet werden können und zwischen Kindheit und Erwachsenheit eine neue biographische Stufe konstituiert werden muss: das Jugendalter als Fortsetzung der Erziehungszeit über die biologische Reife hinaus. Doch solche Verlängerung ist nicht unbegrenzt möglich; und wenn die Anforderungen an die TD-Aneignung weiter steigen, muss die vorhandene Erziehungszeit besser genutzt, müssen Aneignungen ,rationalisiert' werden, indem man die vermittelnden Einwirkungen und einige davon und immer mehr sogar einer professionellen Vermittlung (dem Berufserziehertum) vorbehält.

§ 175

Dass die Erziehung „fertig" sein muss, bedeutet aber auch, dass es ein *intern bestimmtes* Ende gibt, das dem außen bestimmten korrespondiert oder mit ihm konfligiert. Um dieses Ende beschreiben zu können, ist ein Rückgriff auf den Dritten Faktor erforderlich. Der Dritte Faktor der Erziehung ist zwar zunächst nur ein Sammelbegriff, der alle Gegenstände vermittelter Aneignung bezeichnet,[7] die jedoch nur als einzelne eine konkrete Wirklichkeit und damit auch ihre eigene Aneignungszeit und ihr eigenes Aneignungsende haben (§ 173). Der Dritte Faktor existiert konkret aber auch in zwei allgemeineren Formen, an die jetzt zu erinnern ist: als gesellschaftliches (§ 36) und als persönliches Dispositionensystem (§ 37). Es öffnen sich zwei Wege, ein pädagogisch fundiertes Verständnis von Erwachsenheit zu gewinnen: (a) aus der Bestimmung des Verhältnisses zwischen dem persönlichen und dem gesellschaftlichen TD-System und (b) aus der inneren Struktur des persönlichen TD-Systems selbst.

§ 176

(a) Jede Gesellschaft, hier verstanden als ein System gesellschaftlicher Tätigkeiten, kann nur unter der Voraussetzung funktionieren, dass eine *Kongruenz* besteht zwischen ihrem TD-System und den TD-Systemen ihrer Mitglieder. Das heißt: Alle Dispositionen, die nötig sind, um die gesellschaftlichen Tätigkeiten sachgerecht und erfolgreich auszuüben, müssen aufseiten der gesellschaftlichen Subjekte erworben und aktiv sein. Diese Kongruenz kann man sich – gedanklich – in drei unterschiedlichen Modellen vorstellen, von denen allerdings nur zwei auch realitätsfähig sind.

---

7 Anfangs war er sogar, wie in Episode 5 Zusatz dargelegt, lediglich ein „Suchbegriff" (vgl. Sünkel 2011, S. 53).

(α) *Unifizierte Kongruenz* besteht dann, wenn das persönliche TD-System eines jeden Gesellschaftsmitglieds mit dem gesamten TD-System der jeweiligen Gesellschaft identisch ist, wenn also alles, was gesellschaftlich gewusst, gekonnt und gewollt werden muss, tendenziell auch von jedem einzelnen Subjekt gewusst, gekonnt und gewollt wird. Dieses Modell passt in der Realität zu einfach strukturierten, urtümlichen Gesellschaften ohne Arbeitsteilung; es kann aber auch auf komplexere Gesellschaften, und zwar dort in Bezug auf einzelne TD-Subsysteme, analytisch hilfreich sein. (Beispiel: der örtliche Schachklub o. ä.).

(β) *Diversifizierte Kongruenz* bestünde dann, wenn jede einzelne TD des jeweiligen Gesellschaftssystems aufseiten der Subjekte *wenigstens einmal* vorhanden und aktiv ist. Dieses Modell findet als ganzes keine Entsprechung in der Wirklichkeit; die Gesellschaft fiele sofort auseinander, weil die gemeinschaftsbezogenen und gemeinschaftsbildenden Tätigkeiten dann zu selten realisiert wären.

(γ) *Hybride Kongruenz* ist die Mischform aus (α) und (β) und stellt das Standardmodell der Kongruenz in Bezug auf entwickelte, komplexe Gesellschaftsformen dar. Man unterscheidet im gesellschaftlichen TD-System einerseits einen Grund- und Kernbestand von Dispositionen, die (entsprechend α) von allen Subjekten angeeignet sein sollen, und andererseits einen zusätzlichen Bestand speziellerer Dispositionen, gestützt auf Arbeitsteilung und andere gesellschaftliche Differenzierungen sowie auf individuelle Merkmale der Subjekte; diese Dispositionen sind (entsprechend β) nicht von allen Subjekten, sondern nur von einem, oder gegebenenfalls von hinreichend vielen, anzueignen. Wer jenen dispositionellen Grund- und Kernbestand seiner jeweiligen Gesellschaft angeeignet hat, wer also über ihre *dispositionelle Grundausstattung* verfügen kann, ist als vollgültiges gesellschaftliches Subjekt – und das heißt: als erwachsen – anzusehen. Dabei kann offen gelassen werden, wie viele und welche der diversifizierten TDs noch in Kindheit und Jugend dabei sein können und welche dem späteren Erwerb des Erwachsenen vorbehalten bleiben.

Zusatz. Das Konzept der *dispositionellen Grundausstattung* ist (soweit ich weiß erstmals) von *Ernst Christian Trapp* in den 1780er Jahren entwickelt worden, im Rahmen seiner Auseinandersetzung mit dem frühen Neuhumanismus, und zwar als Gegenmodell zu dem von *Friedrich Gedike* gleichzeitig aufgestellten, später so folgenreichen Begriff der Formalbildung. Dass *Trapp* mit seinem revolutionären Konzept damals und später wenig oder gar kein Gehör fand, wäre mit dem pauschalen Hinweis auf den Sieg des Neuhumanismus über die Aufklärungspädagogik nur unzureichend und oberflächlich erklärt; ich halte zwei konkrete Gründe für erhellender. Zum einen hat *Trapp* in seiner bekannten Radikalität eine ihm damals nahe liegende, aber der Öffentlichkeit allzu kühn erscheinende schulpolitische Folgerung ungeschützt offen gelegt: dass nämlich die „Gelehrtenschulen" (die damaligen Gymnasien) dem *beruflichen* Schulwesen zugeordnet werden müssten; zum anderen – und das ist der schwergewichtige Grund – fehlten zu jener Zeit und noch lange danach die *forschungstechnischen Voraussetzungen* einer vertiefenden und differenzierenden Weiterarbeit an dem Konzept. Erst heutzutage gibt es in der Erziehungswissenschaft Großforschungseinrichtungen und Forschungsverbünde, die imstande wären, die erforderliche *pragmatische Konvention* herbeizuführen, nämlich: den Umfang und die Zusammensetzung der dispositionellen Grundaustattung zu ermitteln und die Bedingungen ihrer pädagogischen Erreichbarkeit zu klären sowie die Ergebnisse im historischen Wandel fortzuschreiben. Es stünden dann wissenschaftliche Fundierungen auch für politische Entscheidungen bereit: nicht nur in der Volljährigkeitsfrage, sondern im Hinblick auf die Migrantenintegration, den Föderalismus, auf nationale und transnationale Identitäten usw. und nicht zuletzt auch auf die Strukturprobleme der Lehrplangestaltung und des Bildungs- und Erziehungswesens überhaupt. Was in der Physik gang und gäbe ist, sollte auch in der Erziehungswissenschaft möglich sein: Großprojekte der Grundlagenforschung. Und: man soll die divinatorischen Ahnen nicht vergessen.

§ 177

(b) Der zweite Weg, zu einer pädagogisch fundierten Vorstellung von Erwachsenheit zu gelangen, ergibt sich aus der Struktur des *persönlichen Dispositionensystems*. Das persönliche TD-System wird vom Beginn der Erziehungszeit an in ihrem Verlauf *im Zögling* und *vom Zögling* aufgebaut aus den ihm protopädisch oder pädeutisch vermittelten und auch aus unvermittelten (spontanen) TD-Aneignungen, die er, der Zögling, zur Grundlage des jeweiligen Entwicklungsstandes seiner Gesamttätigkeit zusammensetzt. Die Dynamik dieses Aufbaus wird von einer ganz besonderen TD gesteuert, die sich von allen anderen TDs unterscheidet, weil sie sich auf alle anderen TDs bezieht: das ist die Disposition für die Tätigkeit des Aneignens von Dispositionen, kurz als *Aneignungsdisposition*, noch kürzer als *AD* bezeichnet (§ 38). Die AD verändert und entfaltet sich mit jeder einzelnen vollzogenen TD-Aneignung und gewinnt, im Rahmen der individualgenetischen Möglichkeiten, an Kraft, Vielseitigkeit und Reife – und damit auch an Selbstständigkeit bei der Steuerung der Aneignungsvorgänge und bei der Apperzeption der Resultate. Im selben Maße mindert sich die Abhängigkeit des Zöglings von den notwendigen TD-vermittelnden Tätigkeiten und schwindet gänzlich, wenn er zu seiner dispositionellen Selbstveränderung keine vermittelnden Hilfen mehr benötigt als die, die er selber sucht und haben will[8]. Diese letztere Möglichkeit, sich gleichsam selbst zeitweise zum Zögling zu machen, bleibt dem Erwachsenen sein Leben lang erhalten; in den meisten Fällen wird es sich um Bedarf an Unterricht handeln.

---

8   Die Auflösung des Erziehungsverhältnisses und damit das Ende der Erziehung geschehen durchaus auf beiden Seiten. Die erwachsenen Zöglinge finden gegenwärtig viele vermittelnde Hilfen im Internet auf YouTube (Anmerkung, J. H.).

Zusatz. Und wie gehen nun die beiden Erwachsenheiten, die gesellschaftliche und die individuelle, zusammen? Eigentlich gar nicht; die jeweiligen Bestimmungsgründe sind zu verschieden. Dass die zwei ‚Enden‘ der Erziehung bei einem Zögling zum selben Zeitpunkt eintreten können, ist zwar nicht ausgeschlossen, wäre aber rein zufällig und ohne systemische Bedeutung. Ich vermute jedoch, dass in einer Vielzahl der Fälle die AD-Reifung noch nicht zum Ende gekommen ist, wenn der Zögling die dispositionelle Grundausstattung bereits erreicht hat. – Andererseits: Beide Erwachsenheiten sind Resultate derselben Praxis, gehen aus denselben Vermittlungs-Aneignungs-Vorgängen hervor, sodass es sinnvoll und geraten ist, auch die individuelle Erwachsenheit, soweit sie statistisch generalisierbar ist, in das im vorigen Zusatz ins Auge gefasste Forschungsverfahren der ‚pragmatischen Konvention‘ einzubeziehen.

31. Kapitel:
Die Erziehung, als Prozess betrachtet

§178

Um auszudrücken, dass die Erziehung eine ausgeprägte und charakteristische Zeitstruktur besitzt, benutze ich den Begriff Erziehungsprozess. Das Wort ‚Prozess' hat im heutigen Deutsch außer im Rechtswesen keinen terminologischen Charakter mehr; es kann auf beliebige Vorgänge, Verfahren und Abläufe angewandt werden. So auch in der Pädagogensprache, wo es von Lern-, Unterrichts-, Evaluations-, Reform- und anderen -prozessen wimmelt und zumeist nichts anderes gemeint ist, als was das jeweilige Wort auch ohne Suffix ausdrücken würde, und wo auch ‚Erziehungsprozess' synonym mit ‚Erziehung' gebraucht wird.[9] Die Veralltäglichung des Sprachgebrauchs bietet den Vorteil, dass Wissenschaften, die einen präzisierten Prozessbegriff benötigen, diesen ohne begriffsgeschichtliche Belastung nach ihren speziellen Erkenntnisbedürfnissen frei festlegen können. Davon macht auch diese Allgemeine Theorie der Erziehung Gebrauch, wenn sie den prozesstheoretischen Aspekt ihres Gegenstandes (die Zeitdifferenzstrukturen) gegen den verhältnistheoretischen (die Beziehungsstrukturen) und den feldtheoretischen (die Dependenzstrukturen der Erziehung) begrifflich abgrenzt.

Zusatz. Es ist also nur ein Schmuck und kleiner Luxus, dass mein Prozessbegriff sich auf lockere Weise doch an die begriffsgeschichtlichen Ursprünge anknüpfen lässt. Aus zwei Quellen ist seinerzeit der philosophische Prozessbegriff gespeist worden: aus dem juristischen und chemischen Gebrauch.[10] Dem juristischen entleihe ich jetzt das Merkmal der Finalität; er ist auf sein Ende ausgerichtet, dort das Urteil, hier die Erwachsenheit. Aus dem chemischen nehme ich das Merkmal der Veränderung, dort von Stoffen, hier von Dispositionen. Und aus beiden gewinne ich das Merkmal des gesetzmäßig geregelten Ablaufs.

§179

Wenn ich die ‚Erziehung als Prozess' von der ‚Erziehung als Verhältnis (oder Situation)' und von der ‚Erziehung als Feld' unterscheide, so sind damit durchaus verschiedene, aber einander ergänzende (komplementäre) *Aspekte* desselben Gegenstandes gemeint. In den Blick tritt immer die ganze Erziehung in ihrer vollen Phänomenalität, nur zeigt sie sich der Betrachtung von verschiedenen Sei-

---

9   Vielleicht erst seit *Klaus Mollenhauers* Buchtitel „Theorien zum Erziehungsprozess" von 1972.
10 Zur Begriffsgeschichte vgl. *Kurt Röttgers* s.v. in HistWbPhilos. Bd. 7, Sp. 1543–1562.

ten her. Den drei Aspekten ist ein Dreifaches gemeinsam: sie sind Aspekte der Wahrnehmung, der Deskription und Analyse sowie des Handelns zugleich. – Die Aspektualität des Gegenstandes Erziehung bringt es mit sich, dass der Betrachter wählen kann, von welcher Seite aus er eine bestimmte Problemlage angehen will je nachdem, welcher Art Ergebnisse er erwartet oder erhofft. Ganz frei ist diese Wahl jedoch nicht, denn die jeweilige Problemlage drängt oft von sich aus einen der Aspekte in den Vordergrund der Wahrnehmung, bietet sozusagen den ersten Zugang an, der dann auch die anderen öffnet.

Zusatz. Ein Beispiel soll das illustrieren.[11] Es handelt von Sabine, einer Missionarstochter, die den zweiten Abschnitt ihrer Erziehungszeit, von sieben bis siebzehn, im Dschungel Neuguineas verbracht hat, bei dem Stamm der Fayu, der durch die Missionarsfamilie zivilisatorischen Erstkontakt bekommt; sie soll ihre Erziehung unter europäischen Verhältnissen fortsetzen und vollenden. Die Problemlage, die ich illustrieren will, ist ihre Einschulung in einem schweizer Mädcheninternat. Ein Aspekt drängt sich der Wahrnehmung zuerst auf, es ist der feldspezifische: Sie kommt aus einer Welt, die ganz und gar anders geartet ist als die, in welche sie nun eintritt; ihr persönliches TD-System passt überhaupt nicht mehr. Es erregt Befremden, dass sie die Schuhe vor dem Anziehen ausklopft; in schweizer Internaten verstecken sich dort keine Skorpione. Das einzige, was ihre neue Welt mit der alten verbindet, ist die Situation Unterricht; doch auch die ist nun ganz anders gestaltet: als Schule institutionalisiert, mit festen Regeln, Fächerkanon und Stundenplan. Beim Versuch, den ‚Kulturschock' zu überwinden, tritt nun die Bedeutung der situativen Beziehungen, der Verhältnisaspekt, hervor. Vor allem ist es das β-System ihrer neuen Situation: Die Mitschülerinnen helfen nach Kräften, Sabines Angst im Straßenverkehr zu mildern, sie begleiten sie lehrend ins Restaurant und ins Kino, machen sie vertraut mit Fax und Handy, ermahnen sie, den schulischen Benimmunterricht zu nutzen und erleichtern ihr mit all dem und anderem den Aufbau der vielen neuen notwendigen δ-Beziehungen. Der Prozessaspekt kommt ins Spiel durch Sabines eigene Planungen und Anstalten, die sie unternimmt, um sich mehr und mehr von den β-Hilfen unabhängig zu machen, um selbst und allein zu gehen, wohin sie will, und um wieder zu werden, was sie im Dschungel und im β-System der Fayu-Kinder schon war: ein selbstbewusstes Zentrum und Subjekt ihrer eigenen Situation.

---

11 Ich konstruiere das Beispiel auf Basis einer autobiographischen Darstellung von Sabine Kuegler: Dschungelkind, München: Droemer 2005

Mit Hilfe des Prozessbegriffs wird die Erziehung beschrieben als Weg einer Generation bzw. eines Individuums von der Geburt bis zur Erwachsenheit. Die bei dieser Betrachtungsweise in den Blick tretenden Zeitdifferenzstrukturen betreffen *Veränderungen im Erziehungsverhältnis.* Und zwar nur dort; historische Veränderungen des Erziehungsfeldes etwa bleiben ebenso außer Betracht wie Veränderungen, die im Zuge der physischen Reifung der Individuen auftreten. Nur so weit, wie sich solche Veränderungen im Erziehungsverhältnis abbilden, gehören sie zum Gegenstandsbereich prozesstheoretischer Analysen. – *Was* verändert sich im Erziehungsverhältnis mit der Zeit? Nicht seine Strukturen; sowohl die Fundamentalstruktur (§§ 77 ff.) als auch die einzelnen Kausalitäts- (§§ 83 ff.) und Situationsstrukturen (§§ 117 ff.) bleiben in der Zeit konstant. Die Veränderungen finden auf der konkreten Ebene statt: bei den Inhalten und Gegenständen von Vermittlung und Aneignung (den Gestalten des Dritten Faktors), bei den Aneignungsfähigkeiten und der Aneignungsbereitschaft des Zöglings (seiner Aneignungsdisposition AD) und, beidem zufolge, in den Optionsmöglichkeiten hinsichtlich der Einwirkungsformen und -mittel sowie der jeweiligen Gestalt und Gestaltung der situativen Kernbeziehungen.

Erster Zusatz. Ich vermeide bewusst den Ausdruck *Entwicklung.* Er suggeriert zu leicht die Vorstellung eines vorgegebenen ‚Kerns‘ oder ‚Samens‘, der sich aus sich selbst heraus, sei es mit Einhilfen oder ohne sie, entfaltet. Die Annahme, dass es so etwas in der Erziehung gäbe, kann ich nicht machen; sie widerspräche der Grundannahme, die meine ganze Theorie basiert, ausgedrückt in dem *Rousseau*-Satz, der auch diesem zweiten Band als Motto vorangestellt ist. – Aus demselben Grund scheue und vermeide ich auch den Begriff der *Bildung.* Er ist überdies, unübersetzbar, der deutschen Sprache eigen und allenfalls tauglich, den griechischen Begriff Paideia wiederzugeben, spiegelt aber zugleich dessen Unschärfe und Vieldeutigkeit: παιδεία konnte ja, als die Römer philosophisch wurden, angemessen nicht mal ins Lateinische übersetzt werden ...

Zweiter Zusatz. Mit dem Begriff der Veränderung wird gern die Vorstellung einer Veränderung des Gattungswesens der Menschen im Sinn eines geschichtsphilosophischen Programms verbunden: Der Mensch sei ‚noch nicht fertig‘, sei ‚nicht bei sich‘, noch nicht der, der er sein könnte oder werden müsse; die Hominisierung sei abgeschlossen, die Humanisierung stehe noch aus. Oft wird auch die Erziehung in diesem Zusammenhang gesehen. Nun sind sich die meisten Evolutionstheoretiker darin einig, dass Evolutionsprozesse keine finale Ausrichtung besitzen; dass dies aber auch speziell für die kulturelle Evolution gelten müsse, ist bislang nur *per analogiam* gesichert und keineswegs ausgemacht. Aber skeptisch sollte man schon sein; zwar hat es den Willen zum Besseren als Motiv der Menschheitsgeschichte immer gegeben, aber auch die Erfahrung, dass aus dem guten Willen oft böse Wirklichkeit entsteht. – Genug davon! Ich will nur zeigen, dass man die wissenschaftliche Deskription der Erziehung mit geschichtsphilosophischen Zusatzgedanken besser nicht belastet.

§ 181

Um die Vielzahl der konkreten Veränderungen im Erziehungsverhältnis, die sich zwischen Geburt und Erwachsenheit unterwegs ereignen, theoretisch erfassen zu können, muss man ihr allgemeines Prinzip aufsuchen. Es liegt – wo anders könnte es liegen? – im Zögling; der Erziehungsprozess ist *sein* Weg, denn *er* ist vom Anfang bis zum Ende der Erziehungszeit dabei, auch wenn die Umstände wechseln und die Erzieher einander ablösen. Die basale Veränderung ist also die des Zöglings; aber nicht seine Veränderung überhaupt, denn dass er wächst, dass sein Organismus reift, dass er zahnt, Stimmbruch und Pubertät erleidet, bis schließlich die Weisheitszähne durchbrechen, all das geschieht außerhalb des Erziehungsverhältnisses, gleichsam von selbst und wird nicht im Zusammenspiel von Vermittlung und Aneignung erst hervorgebracht. Was dort hervorgebracht wird, ist seine Ausstattung (seines persönlichen Dispositionensystems) vom Anfangswert Null bis mindestens zur dispositionellen Grundausstattung der jeweiligen Gesellschaftsformation, in die er hinein lebt, kommt als allgemeines Prinzip des Erziehungsprozesses in Betracht: es ist der Aufwachsende, insofern er auch temporal als das eine der beiden Subjekte der Erziehung betrachtet wird. Thematisches Zentrum der pädagogischen Prozesstheorie ist die durch Vermittlung unterstützte dispositionelle Selbstveränderung des Zöglings in der Zeit.

§ 182

Aus der Thematik ergibt sich die innere Form des *Begriffs* Erziehungsprozess. Er bezeichnet zwei Sachverhalte und ihr gespanntes Verhältnis zueinander. Der eine Sachverhalt ist das Substrat der Veränderung, nämlich der Subjektivität (das ist das Subjektsein) des Zöglings, die über die ganze Erziehungszeit hinweg dieselbe bleibt: der Zögling ist mit sich identisch. Der andere Sachverhalt ist die Veränderung selbst, die den Zögling zu jedem Zeitpunkt als einen anderen sichtbar macht, der sich von dem früheren und dem späteren unterscheidet. *Der Prozessbegriff setzt nun die beiden Sachverhalte ineins: der Zögling ist an jedem Zeitpunkt des Erziehungsprozesses mit sich identisch und mit sich nicht identisch zugleich* und nötigt dadurch den Erzieher, dieses Zugleich auch zu denken (prozessuales Denken).

Erster Zusatz. Meine Studenten schätzten die Veranschaulichung. Ich zeigte zwei professionelle Kinderfotos, einen Zweijährigen, der lächelnd mit der Holzlokomotive des Fotografen spielt, und einen Zwölfjährigen, der versonnen-ernst in die Kamera schaut. Die Zeitdifferenz von zehn Jahren war – stilkritisch – rasch herausgefunden und die Vermutung, es könne sich um dasselbe Kind handeln, womöglich um den Dozenten selbst, geäußert. Warum ich zur Bestätigung die Worte gebrauchte „Das bin ich" und nicht „Das war er", musste ich dann kaum erklären.

Zweiter (ein philosophischer) Zusatz. Im Kreis der jungen Denker in Jena um 1800 war die Identität von Identität und Nichtidentität ein zentrales Thema, sie galt als Merkmal „des Absoluten".[12] Warum haben es die jungen Freunde nicht, wie man heute sagt, ‚tiefer gehängt'! Ein schlichter Erziehungsprozess oder – wenn man's nicht so pädagogisch wollte – der Prozess eines Menschenlebens hätte es auch getan. Die Dialektik studiert man am Konkreten bequemer als am Abstrakten.

Ich erlaube mir noch den Hinweis, dass auf Grundlage des in diesem Paragraphen beschriebenen Prozessbegriffs auch ein *erziehungsethischer Gedankengang* aufgebaut werden kann.

§ 183

Die dialektische Struktur des Erziehungsprozesses verlangt vom Erzieher den Gebrauch einer dieser Struktur angemessenen Denkform. In seiner Wahrnehmung des Zöglings und in seinem Handeln in Bezug auf ihn (also in der situativen γ-Beziehung) muss der Erzieher den Zögling gleichsam in doppelter Gestalt vor Augen haben, als den Gegebenen, der er – gegenwärtig – ist, und als den Veränderten, der er – künftig – sein wird, kann oder soll. Das ‚Zugleich' wird realisiert, indem der Blick blitzschnell zwischen den beiden Zöglingsgestalten hin und her wechselt: ein Denken, das *Friedrich Schleiermacher* „oszillierend" genannt hat. Es ist leicht einzusehen, dass solches ‚Hin-und-her' desto schwieriger und ungenauer wird, je weiter der ins Auge gefasste künftige Zeitpunkt von dem gegenwärtigen entfernt ist. – Prozessual denken kann man normalerweise nicht von allein, man muss es lernen und kann es *in praxi* trainieren; gute Erzieher beherrschen es.

Anders als der Theoretiker, der nicht „in" der Erziehung denkt, sondern „über" sie. Da sich das ‚oszillierende Zugleich' begrifflich nicht darstellen lässt, kommt es hier auf die analytische Distinktion an. Was dem Praktiker eins ist, muss in seine Bestandteile zerlegt werden; diese sind zu beschreiben und hinsichtlich ihrer Bezüge aufeinander zu untersuchen. Das soll im Folgenden geschehen. Das analytische Gesamtbild kann dann vielleicht auch dem Praktiker helfen, wenn er interessiert ist, zu verstehen, was er tut, wenn er erfolgreich ‚oszilliert'.

---

12 Dokumentiert u. a. durch *Hegels* so genannte „Differenzschrift" von 1801.

Zusatz. Es ist im Gange der Allgemeinen Theorie gelegentlich, wie hier, unvermeidlich, auf Besonderheiten des pädagogischen Denkens einzugehen. Genügen kann dies keineswegs. Die *spezifisch pädagogische Denkform* im Ganzen und Einzelnen zu ermitteln und logisch darzustellen, ist ein dringendes Desiderat in der erziehungswissenschaftlichen Forschung.

32. Kapitel:
Kritik der ‚Erziehungsziele'

§ 184

Wenn Laien über Erziehung reden, seien es Eltern im privaten, seien es Politiker und Journalisten im öffentlichen Disput, dann bekunden sie oft ihre Überzeugung, das Allerwichtigste bei der Erziehung seien die Ziele, die man verfolgt. Nur wer das Ziel kennt, heißt es, kann den Weg finden. Über die Ziele – worunter sie in der Regel nur die Absichten des Erziehers verstehen – müsse man Klarheit gewinnen und daraus die Urteile über gute, richtige und schlechte, falsche Erziehung ableiten. Aber auch unter Berufserziehern findet sich nicht selten diese Überzeugung, und selbst von Erziehungswissenschaftlern kann man sie gelegentlich hören. Woher diese Ansicht stammt und warum sie sich dermaßen verbreiten konnte, wäre eine eigene Untersuchung wert. Hier aber kann es nur darum gehen, sie zurechtzurücken, nämlich die ‚Erziehungsziele' von ihrem angemaßten Thron zu stoßen und dem, was mit ihnen gemeint sein kann, die passenden logischen Orte in den Strukturen des Erziehungsprozesses zuzuweisen.

§ 185

Dass die Absichten (Intentionen) des Erziehers das tatsächliche Erziehungsgeschehen nicht entscheidend bestimmen können, ist bereits an früherer Stelle dargetan worden.[13] Die Erziehung kann andere als die beabsichtigten Ziele verfolgen. – Zunächst muss man sich klarmachen, dass ‚Ziele' Vorstellungen oder Bilder sind, die sich der Erzieher oder der Zögling oder beide von einer Verfassung des Zöglings machen. Die vom gegenwärtigen Moment aus gesehen in der Zukunft liegt. Da dies eine nahe oder aber auch eine fernere Zukunft sein kann, lassen sich kurzfristige und langfristige Ziele unterscheiden: Das ‚Noch-nicht' kann als ‚morgen' oder als ‚nächstes Jahr' oder als ‚wenn du mal erwachsen sein wirst' gedacht werden. Die Größe der jeweiligen Zeitdifferenz entscheidet nun auch über die Realitätsnähe des Zukunftsbildes. Denn die reale Verfassung des Zöglings in der Zeit ist immer seine gegenwärtige, und je entfernter die Zukunftsvorstellung davon ist, desto weniger Realität kann sie enthalten und desto weniger an der Veränderung der gegenwärtigen Verfassung des Zöglings mitwirken. Anders gesagt: Je ferner das Ziel, desto geringer sein Einfluss auf das reale Erziehungsgeschehen.

Zusatz. Zwei Beispiele von *kurzfristigen* Zielsetzungen: das eine aus dem Bereich des Sprachunterrichts. Lehrer Peter will erreichen, dass Schülerin Petra bis Ende nächs-

---

13 Im Ersten Teil, Kapitel 10 (§§ 61 ff., S. 73–82): Funktionen und Intentionen der Erziehung

ter Woche die syntaktische Figur des A.c.i., des Akkusativs mit Infinitiv, mitsamt den Abweichungen des Gebrauchs in der lateinischen, englischen und deutschen Sprache verstanden hat. Die Zielsetzung ist ,realistisch', Peter kennt Petras Aneignungsdisposition und ihre Vorkenntnisse in den drei Sprachen. Das Ziel ist methodisch erreichbar; die Erreichung kann überprüft werden. Dann, auf Grund des verwirklichten Ziels,[14] kann Peter das nächste Ziel des Sprachenvergleichs ins Auge fassen: den lateinischen absoluten Ablativ mit seinem Gegenstück im Deutschen, dem absoluten Genitiv, und warum es im Englischen kein Gegenstück gibt. – Das andere Beispiel kommt aus dem Bereich der Sozialisation. Vater Wolfgang will erreichen, dass Tochter Anne ab sofort abends ihr Fahrrad selbst in den Keller bringt. Auch dieses Ziel ist ,realistisch' und methodisch erreichbar – allerdings nicht ,ab sofort'; es waren dann doch einige Abende und einige Konflikte erforderlich ...

§ 186

Langfristige Zielsetzungen, sogar auch solche, die auf Zügen der Erwachsenheit beruhen, können – unter *einer* Bedingung – doch Einfluss auf das reale, das gegenwärtige Erziehungsgeschehen nehmen, nämlich dann, wenn sie, und so weit, wie sie in eine sinnvolle Abfolge von kurzfristigen Zielsetzungen sich auflösen lassen und aufgelöst werden; das heißt: wenn und soweit sie selbst *prozessualisierbar* sind. Nur so kann zu jedem Zeitpunkt des Erziehungsprozesses das dazu jeweils passende Teilstück der allgemeinen Zielsetzung vorhanden sein und sich auswirken. Allgemeine und langfristige Ziele, die nicht prozessualisierbar sind, oder prozessualisierbare, die nicht prozessualisiert werden, bleiben dagegen langfristig wirkungslos.

Zusatz. Zwei Beispiele. Das erste: Vater Werner ist Geschäftsmann und möchte, dass Sohn Paul ebenfalls ein Geschäftsmann wird und das väterliche Unternehmen fortführen kann. Werner ist nicht so töricht, den Paul von Geburt an als fertigen Geschäftsmann anzusehen und zu behandeln, sondern weise genug, ihm im Verlauf seines Aufwachsens immer wieder vornehmlich solche Tätigkeiten zu ermöglichen oder ihn zu solchen Aktivitäten zu veranlassen, durch die er sich gewisse einzelne Dispositionen von betriebswirtschaftlicher Bedeutung nacheinander aneignen kann. Auf diesem Weg entsteht die *Möglichkeit*, dass Werner sein Ziel mit Paul erreichen wird. Aber dessen sicher kann er sich keineswegs sein, weder im einzelnen noch im ganzen, denn Paul selber könnte ja in sich und für sich eine ganz andere Zielsetzung erahnen oder kreieren, vielleicht eine künstlerische, und Werner kann den dann drohenden Vater-Sohn-Konflikt nur dadurch abwenden, dass er von seiner eigenen Zielsetzung Abstand nimmt.

---

14 Dieses entscheidende Moment habe ich als „den realistischen Zwischenschritt der methodischen Konsequenz" bezeichnet (§ 112, S. 124).

Zwei Beispiele. Das zweite: Ich erinnere mich an eine treffliche und sehr komische Karikatur aus dem Jahr 1968. Dargestellt war, im Eingang eines Supermarktes, ein uniformierter Polizist mit einem kleinen, ebenfalls Polizeiuniform tragenden Knaben an der Hand. Daneben eine Frau mit einem gleichaltrigen Jungen, beide im linksalternativen Standard-Outfit. Die zwei Kinder starren einander grimmig und feindselig in die Augen ... – Dass sie zwanzig Jahre später wirklich Polizist und ‚Revoluzzer' geworden sind, ist in höchstem Maße unwahrscheinlich.

§ 187

Unter den langfristigen allgemeinen Zielen sind diejenigen am ehesten zur Prozessualisierung geeignet, die als konkretes Bild, als Ideal, vorgestellt werden und die deshalb auch als allmählich entstehend gedacht werden können. Das ist der Fall bei den „abendländischen Vorbildern" (*Wilhelm Flitner*): dem Weisen, dem Mönch, dem Ritter, dem Gentleman etc., aber auch bei weniger ‚epochalen' Idealen, dem ‚ehrbaren Kaufmann', dem Soldaten, dem Arbeiter etc. Die konkrete Füllung des Ideals unterliegt ohnehin immer dem historischen Wandel; so kann der Staatsbürger als Untertan, aber auch als Verfassungspatriot, das Frauenideal als Lady, als Hausfrau oder als Emanzipierte ausgemalt sein. – Einen zwingenden Einfluss dergestalt, dass sie einen bestimmten Gehalt und einen bestimmten Ablauf des Erziehungsprozesses und sein Ende determinieren könnten, besitzen solche Ideale natürlich nicht; sie können allenfalls einzelne Momente des Ablaufs so variieren, dass das Ziel – zufällig – erreichbar wird.

Ähnlich verhält es sich mit den Tugenden. Als abstrakte Fernziele und im Vollbild sind sie Charaktermerkmale des Erwachsenen, können aber prozessualisiert werden: Die Tapferkeit eines dreijährigen Kindes ist eine andere als die eines sechzehnjährigen Jugendlichen: Von einem Zehnjährigen kann man Besonnenheit und Voraussicht in geringerem Maße erwarten als von einem Zwölfjährigen etc.

Zusatz. Im Disput über Erziehungsziele spielen häufig Eigenschaften wie Sauberkeit und Ordnung, Pünktlichkeit, Höflichkeit und dergleichen eine nicht unbeträchtliche Rolle. Die oft benutzte Bezeichnung als Sekundärtugenden ist freilich irreführend; es sind keine Tugenden, keine Eigenschaften des moralischen Charakters. Es handelt sich vielmehr um Merkmale, die zu den Tätigkeiten einer Person gehören und nicht mal zu allen ihren Tätigkeiten gleichmäßig. Sie kommen deshalb pädagogisch nur von Fall zu Fall als kurzfristige Zielstellungen in Betracht.

Oft hört man, vor allem im öffentlichen Disput, von langfristigen Erziehungszielen, die für alle Individuen gelten sollen und die deshalb, und weil sie der politischen Normsetzung bedürfen, Gegenstand des Streites sind und als Indikatoren der jeweiligen politischen Ausrichtung derer, die sich für ihre Geltung einsetzen, angesehen werden können. Textlich erscheinen solche Ziele gern in den Präambeln der Erziehungs- und Schulgesetze, meistens als Zielkompromisse. Es geht dabei nicht um konkrete Ziel-‚Bilder‘, nicht um Ideale, sondern um abstrakte Vorstellungen in begrifflicher Form, um ‚Ideen‘, die ganz leicht auch zu Schlagwörtern entarten können: z. B. die „abendländische Werteordnung“, das „christliche Menschenbild“, die „sozialistische Persönlichkeit“ – oder, noch abstrakter: „Emanzipation“ („politische“ oder „menschliche“?) und „Mündigkeit“ etc. Nimmt man solche Ideen *als Begriffe* ernst und prüft sie genauer, dann zeigt sich, dass mit ihnen immer *komplexe* Vorstellungen verbunden sind. Zielvorstellungen aber, die langfristig, abstrakt und komplex zugleich sind, lassen sich als solche nicht prozessualisieren und sind deshalb für das reale Erziehungsgeschehen bedeutungslos.

Zusatz. Ich will die beliebte „Mündigkeit“ als Beispiel herausgreifen. Wer von Mündigkeit als Erziehungsziel redet, meint natürlich nicht den zivilrechtlichen oder den strafrechtlichen Begriff, sondern hat die Vorstellung einer bestimmten Erwachsenheit im Auge: das autonome gesellschaftliche Subjekt. Worin aber dessen Autonomie und Subjektivität besteht, das muss erst ausgesagt, der Begriff muss umschrieben sein, bevor man ihn verwenden kann. Manche rufen *Immanuel Kant* zu Hilfe, die Fähigkeit, ‚seinen Verstand ohne Anleitung durch einen Anderen zu gebrauchen‘, und übersehen dabei, dass *Kant* gar nicht von der Erziehung redet, sondern von dem privaten und dem öffentlichen Vernunftgebrauch erwachsener Leute, von seiner Freiheit und seiner Gebundenheit, und dass er einen Epochenbegriff klären will.[15] Und wenn man's trotzdem pädagogisch verstehen sollte: Was wäre das für eine armselige Erziehung, die bloß die kognitive Förderung des Zöglings anzielte und dann sogar noch die *Anleitung* des Verstandesgebrauchs ausschlösse?

Man kann die erstrebte ‚Mündigkeit‘ auf recht verschiedene Weise umschreiben; für meinen Zweck der exemplarischen Analyse wähle ich eine einfache Formel, auf die sich Viele leicht verständigen können, und sage: Mündig ist der Mensch, wenn er bereit und imstande ist, seinem *vernünftigen Willen* zu *folgen*. Als ‚Ziel‘ verstanden bedeutet das: Der Zögling soll am Ende des Erziehungsprozesses diese Fähigkeit und Bereitschaft erworben haben. Die Fähigkeit selber ist aber eine komplexe; drei Komponenten stehen gleichwertig und einträchtig beieinander, nämlich Vernunft, Wille und Folgsamkeit. Wie man leicht einsieht, kann dieses harmonische Verhältnis der

---

15 Beantwortung der Frage: Was ist Aufklärung? (1783)

Komponenten *nur* am Ende, aber nicht *während* des Erziehungsprozesses realisiert sein; die Zielstellung insgesamt und als solche ist nicht prozessualisierbar. Die Erziehung der Vernunftkräfte, der Willensstärke, der leiblichen Tüchtigkeit und des Gehorsams – die beiden letzteren sind die Komponenten der Folgsamkeit: man muss folgen können und wollen – sind so unterschiedliche und jedes für sich so anspruchsvolle Gebiete der vermittelnden Einwirkung, dass sie nicht ineins betrieben werden können; außerdem werden sie, durch die Reifung des Zöglings bedingt, im Erziehungsprozess zu verschiedenen Zeiten thematisch, und zwar in wechselnden Akzentuierungen ihres, oft auch widersprüchlichen, Verhältnisses zueinander.

Elfter Abschnitt:
Der Modus des Zöglings und
die Modifikation

33. Kapitel:
Kontinuität und Diskontinuität des Erziehungsprozesses

§ 189

Der Erziehungsprozess ist die Geschichte der Veränderungen des Zöglings in dispositioneller Hinsicht während der Erziehungszeit. Die darüber zu treffenden analytischen Aussagen gelten für den individuellen Zögling, sind aber, wenn es sich um Zöglingsgruppen handelt, auch auf den kollektiven, den Gesamtzögling, übertragbar. Ich wende mich zunächst dem allgemeinen (unspezifischen) Begriff der *Veränderung* zu.

Unter Veränderung versteht man gemeinhin den Übergang eines Zustands in einen anderen, von ihm unterschiedenen Zustand derselben Substanz. Der Übergang ist manchmal als Zeitpunkt fixierbar; so trennen Gefrier- und Siedepunkt die Aggregatzustände des Wassers, sowohl beim Prozess des Erhitzens wie auch bei dem des Abkühlens. Nun stellen sich aber, um beim Beispiel zu bleiben, die Aggregatzustände selber keine starren Strukturen dar, denn im Zusammenhang mit den steigenden oder sinkenden Temperaturen verändert sich in ihnen die Aktivität der Moleküle, und ohne diese kleinen, unmerklichen Zustandsveränderungen können die großen, sichtbaren: das Gefrieren und Schmelzen, das Verdampfen und Kondensieren, gar nicht eintreten. Es lassen sich demnach zwei Arten der Zustandsveränderung unterscheiden: die *markanten* Veränderungen, deren Zeitpunkt festliegt, und die *gleitenden*, deren Zeitpunkt festgelegt werden muss, wenn man sie beschreiben will. Der Zeitrahmen ist hier, beim Wasser, in beiden Fällen durch die Thermometerskala gegeben. Welche Skala man auch nimmt, Gefrier- und Siedepunkt haben eindeutige Werte (die bei Reaumur [0°–80°] und Celsius [0°–100°] sogar konstitutiv für die Skala selbst sind), und Eis, flüssiges Wasser und Dampf sind phänomenal eindeutig unterschiedene Zustände. Solche Eindeutigkeit gibt es bei den gleitenden Veränderungen nicht, weil bei ihnen die ‚Zustände‘, die man vergleichen muss, um ihren Unterschied darzustellen, nur ‚punktförmig‘, ohne eigene zeitliche Ausdehnung, gedacht werden können und daher als Zustände gar nicht beschreibbar wären, wenn man sie nicht als *willkürliche* Ausschnitte aus dem Veränderungs-Kontinuum herauslöste und auf diese Weise ‚künstliche‘ Zustände und ihre Zeitdifferenzen festlegen würde.

Zusatz. Um die gröberen Veränderungsstrukturen molekularer Art zu beschreiben, sind längere Ausschnitte (größere Zeitdifferenzen von mehreren Temperaturgraden) hinreichend, die feineren Strukturen werden bei kleineren Zeitdifferenzen (vielleicht in 1°-Schritten) sichtbar; für die atomaren und subatomaren Veränderungen wird man noch kleinere und kleinste Zeitdifferenzen (vielleicht im Mikro- oder gar Nanogradbereich) wählen müssen.

§ 190

Ich komme nun aus dem Wasser wieder heraus und nähere mich der Erziehung. Das Längenwachstum eines Kindes ist zwar kein Thema des Erziehungsprozesses, aber als weitere Metapher analogisch brauchbar. Es beruht auf gleitenden (kontinuierlichen) Veränderungen des reifenden Organismus und ist für die Eltern und andere Personen, wenn sie ständig mit dem Kind zusammen sind, nicht wahrnehmbar. Nur die Tante, die einmal im Jahr zu Besuch kommt, nimmt die Veränderung wahr und beschreibt sie mit dem Standardausruf: „Herrjeh, was bist du groß geworden." Die Tante verfügt über einen Zeitdifferenzmaßstab, der den Eltern fehlt. Die Eltern hingegen, wenn sie das Längenwachstum ihres Sprösslings wahrnehmen wollen, müssen sich einen solchen Maßstab erst schaffen, indem sie Markierungen am Türpfosten anbringen. Je kürzer sie die Zeitabstände des Markierens wählen, je enger also die Markierungen am Pfosten beieinander liegen, desto genauer können sie ihr Kind ‚wachsen sehen'.

Der Vergleichspunkt bei dieser Metapher und bei dem vorangegangenen Wassergleichnis liegt darin, dass die dispositionellen Veränderungen des Zöglings, die den Gegenstand der prozesstheoretischen Betrachtung bilden, ebenfalls kontinuierliche Veränderungen sind und gleitende Übergänge besitzen. Um sie erkennbar zu machen, müssen also auch hier ‚Zustände' fixiert und beschrieben werden, die *realiter* keine Zustände sind, sondern selber nur aus gleitenden Übergängen bestehen. Das geht nur, indem man mithilfe willkürlich gesetzter Zeitdifferenzmarken theoretische Konstrukte solcher ‚Zustände' herstellt und sie miteinander vergleicht. Die reale Kontinuität des Erziehungsprozesses wird erkennbar gemacht durch die Setzung künstlicher Diskontinuitäten.

Zusatz. Ich gestehe gern und bekenne dankbar, dass ich mir bei der Problemlösung von einem Großen der Zunft habe helfen lassen. In seinem pädagogischen Hauptwerk „Émile ou de l'éducation" von 1762 schildert Jean-Jacques Rousseau auf konkrete Weise einen fiktiven, exemplarischen und modellhaften Erziehungsprozess vom Anfang bis zum Ende der Erziehungszeit. Als Konstruktionsprinzip seines Prozess modells wählt er das wechselnde Verhältnis zweier Entwicklungslinien zueinander. Die eine ist die Entwicklung der Bedürfnisse des Kindes, die andere die seiner Kräfte zu ihrer Befriedigung. Das anfängliche Missverhältnis – hohe Bedürfnisse, geringe Kräfte – setzt sich in der Zeit fort, weil beide ‚Kurven' als ansteigend gedacht sind. Unter der Voraussetzung nun, dass die Entwicklung der Bedürfnisse durch erzieherische Einwirkung gedämpft und die der Kräfte entsprechend gefördert wird, kommt es zu einem ‚Schnittpunkt' der beiden Konstruktionslinien, zu einem ‚Zeitpunkt' also, an dem Bedürfnisse und dem Kind ein neues Betätigungsfeld eröffnen: den Unterricht. Dieser Schnittpunkt markiert den Unterschied zweier Phasen der Kindheit und den Übergang der einen in die andere – und markiert schriftstellerisch zugleich den Übergang vom Zweiten zum Dritten Buch des Werkes. Rousseau bezeichnet den Schnittpunkt, der Kindheit I und Kindheit II voneinander trennt, als Reife der Kindheit (maturité de l'enfance).[1] Ein Schnittpunkt ist aber ein Punkt und hat keine Ausdehnung. Daher war meine dringende Frage an den Großen: „Wie, Monsieur, erfassen und beschreiben Sie phänomenal diesen blitzschnellen Übergang, dieses Gleichgewicht von Bedürfnissen und Kräften, das doch keine eigene Dauer besitzen kann?" – „Ich bediene mich, mon jeune ami," so verriet mir der Meister, „einer Augentäuschung, ähnlich, wie sie die Maler benutzen, um uns sehen zu machen, was nicht da ist. Ich schildere den Punkt als ein Ergebnis. Lesen Sie die letzten Seiten des Zweiten Buches." – und ich las, heißen Herzens, das geschilderte Idealbild des „fertigen Kindes (enfant fait)"[2], las, was alles Émile zu diesem Zeitpunkt weiß und kann und will und was er nicht weiß und nicht kann und nicht will. – und sah mich bestärkt; der Meister hat genau das geschildert, was ich demnächst einen „Modus" nennen werde.

§191

Es gibt freilich auch *markante* Veränderungen des Zöglings in der Zeit. Dabei handelt es sich um solche Diskontinuitäten, die nicht künstlich zum Zweck der Erkenntnis gesetzt werden, sondern sich am Zögling oder mit dem Zögling *tatsächlich ereignen* und die auf diese Weise in den Erziehungsprozess eingreifen. Man kann zwei Arten unterscheiden. Die eine sind diejenigen Veränderungen, die den Zögling aufgrund der Reifung des Organismus vor Probleme seines Selbst- und Weltverhältnisses stellen, die er zuvor nicht gehabt und gekannt hat; die markanteste dieser *endogenen* Veränderungen ist die Pubertät, auch die Entdeckung des Eigenwillens u. ä. gehört hierher. Die andere Art sind die *exogenen* Veränderungen, die sich im Erziehungsverhältnis selbst ereignen: Ortswechsel, Verlust und Umbau von Situationsstrukturen, Verlust oder Auswechslung von Beziehungspersonen etc. Sie können den Zögling schicksalhaft treffen (Krieg; gesellschaftliche Umwälzung; Tod eines Elternteils) oder institutionell bedingt sein (Einschulung; Schulwechsel; Heimeinweisung). Beiden, den endogenen wie den exogenen Veränderungen ist gemeinsam, dass der Zögling dispositionell auf sie reagieren

---

1 Die oft gebrauchte Verdeutschung „reife Kindheit" ist irreführend, weil sie die Vorstellung eines Zustands suggeriert.
2 „Émile", édition de la Pleiade, p. 418

muss: er muss sich auf sie einstellen, sich ins Veränderte hinein finden und sich mit Neuem vertraut machen, kurz gesagt: sich die veränderten Verhältnisse und Sachverhalte aneignen. Das kann aber nicht so plötzlich geschehen, wie die Veränderung eintritt. Dass er Zeit braucht, bedeutet auch: der Zögling muss die markante Veränderung für sich in kleine Schritte mit gleitenden Übergängen auflösen, sie prozessualisieren; das gilt entsprechend auch für die helfenden und steuernden Einwirkungen des Erziehers.

§ 192

Wie oben im Wassergleichnis beschrieben, können die kleinen kontinuierlichen Veränderungen zu markanten Veränderungen führen, die dann plötzlich und deutlich wahrnehmbar werden. Diese Struktur kann auch beim Erziehungsprozess auftreten. Während in dem vorigen Paragraphen erörterten Fall die Prozessualisierung dem markanten Ereignis nachfolgt, geht sie ihm hier voraus, provoziert es gewissermaßen, aber erzwingt es nicht. Das kann spontan und ungeplant erfolgen, wie es der Fall ist bei den von *Otto Friedrich Bollnow* thematisierten „unsteten Erziehungsvorgängen";[3] der Zögling muss sich eingestimmt haben oder vorbereitet worden sein, um sich einer „Erweckung" oder „Begegnung" öffnen zu können. Doch kann sich auch methodische Planung auf diese Struktur stützen; das von *Anton Makarenko* entwickelte und – leider etwas missverständlich – als „Explosionsmethode" bezeichnete Verfahren kann als Beispiel dienen, ebenso wie in Schulen mit Jahrgangsklassen die Versetzung („Klassenziel"). In einigen Fällen ist auch eine Kombination dieser Struktur mit der zuvor erörterten möglich: Der Erzieher kann den Zögling z. B. auf das bevorstehende Pubertätsereignis oder auf die anstehende Einschulung vorbereiten.

§ 193

Das Verhältnis von Kontinuität und Diskontinuität des Erziehungsprozesses ist, so lässt sich zusammenfassend sagen, folgendermaßen bestimmt: Das basale Prozessmerkmal ist die kontinuierliche Veränderung des Zöglings. Reale Diskontinuitäten, welcher Art auch immer und wann immer sie eintreten, werden prozessrelevant nur in Verbindung mit dem Kontinuum. Das Kontinuum selber ist aber nur beschreib- und analysierbar, indem man willkürlich gewählte Zeitabschnitte markiert und miteinander vergleicht. Die zu wählende Größe der Zeitdifferenz richtet sich nach dem Erkenntnisziel; wenn es z. B. um Lehrplanprobleme geht, wird man in den meisten Fällen eine lange Zeitdifferenz ansetzen

---

3   *O. F. Bollnow*: Existenzphilosophie und Pädagogik (1959)

(z. B. ein „Schuljahr"), für die Beobachtung rascher Veränderungen, etwa bei Säuglingen und Kleinkindern, eher kurze Zeitdifferenzen (Monate; Wochen; Tage; vielleicht sogar Stunden).

34. Kapitel:
Die Fundamental-Struktur des Erziehungsprozesses

§ 194

Als Modus bezeichne ich *die jeweilige dispositionelle Verfasstheit des Zöglings in der Zeit*. Die Veränderung des Modus, den Übergang von einem Modus in einen anderen, nenne ich Modifikation. Der Modus ist der durch Markierung einer Zeitdifferenz hergestellte Ausschnitt aus dem Veränderungskontinuum des Zöglings und stellt daher ein theoretisches Konstrukt dar. Das Konstrukt dient ausschließlich dazu, die jeweils gegenwärtige Gestalt und Zusammensetzung seines persönlichen Dispositionensystems wahrnehmen und sie sowohl mit einer vergangenen (Retrospektivmodus) als auch mit einer künftigen Gestalt (Prospektivmodus) vergleichen und in Beziehung setzen zu können.

§ 195

Das persönliche Dispositionensystem des Zöglings (seine dispositionelle Verfasstheit) setzt sich zusammen aus allem, was er weiß, allem, was er kann, und allem, was er will; anders gesagt: aus seinen Kenntnissen, seinen Fertigkeiten und seinen Motiven. Das ist aber nicht alles. Jede einzelne seiner Tätigkeitsdispositionen (TDs) enthält bestimmte Fertigkeiten, Kenntnisse und Motive, die in einem bestimmten Verhältnis zueinander stehen (eine Struktur bilden), und die TDs stehen wiederum untereinander in einem bestimmten, spezifischen Beziehungsgefüge und schließen sich zu dem Vollbild des individuellen persönlichen Dispositionensysteme des Zöglings (oder Gesamtzöglings) zusammen. Wenn dieses Vollbild auf einen bestimmten Zeitpunkt im Prozessverlauf bezogen wird, ist es ein Modus. Dessen Modifikation ist Sache des Zöglings selbst: *er* verändert *sich* mit jeder seiner TD-Aneignungen; der Erzieher hilft ihm dabei mit den TD-vermittelnden Einwirkungen.

§ 196

Das Zeitverhältnis, in welchem die Modi des Zöglings zueinander stehen, ist immer auf den jeweils *gegenwärtigen*, den Realmodus, bezogen. Von ihm unterscheiden sich der *nicht mehr* reale, sondern nur erinnerte Modus, aus dem der reale durch Modifikation hervorgegangen ist; ihn bezeichne ich als Retrospektivmodus, und der *noch nicht* reale, sondern erst entworfene Modus, in den der Realmodus durch Modifikation übergehen kann, wird oder soll; das ist der Prospektivmodus. Das Zeitverhältnis kann graphisch dargestellt werden.

Figur 6:

M_{-2}	M_{-1}	**M**	M_1	M_2	M_3	
						dt
t_{-2}	t_{-1}	**t**	t_1	t_2	t_3	

Legende: M = Modus, dt = Zeitdimension, t = Zeitpunkt

Mit **t** ist der gegenwärtige Moment markiert, dementsprechend steht **M** für den Realmodus; die negativen Indizes geben die Rückschau (Retrospektion) an, die positiven die Vorschau (Prospektion). – Setzt man nun den *Zeitverlauf* in Bewegung, so rutscht t in die Vergangenheit und t_1 wird zur Gegenwart. Die entsprechende Veränderung auf der M-Ebene – sofern dort überhaupt eine Veränderung stattfindet; die nackte Zeit bringt sie ja nicht hervor – unterliegt einer doppelten Bestimmung: (a) Der neue Realmodus M_1 geht durch Modifikation aus dem bisherigen Realmodus M hervor; und zugleich gilt (b): Der bisherige Prospektivmodus M_1 realisiert sich zum neuen Realmodus M_{neu}. Um das Spannungsverhältnis zwischen den beiden Bestimmungen zu klären, wende ich mich der Charakteristik eines Prospektivmodus zu.

§ 197

(1) Wo *existiert* ein Prospektivmodus? Als eine Noch-nicht-Realität existiert er *im Kopf* (und nur dort) als Vorstellung eines von dem gegenwärtigen unterschiedenen Zustands, der als besserer erhofft oder als schlechterer befürchtet wird. Die Vorstellung basiert also auf einer Kritik und Bewertung des gegenwärtigen Zustands und einer Einschätzung der gegebenen Möglichkeiten seiner Veränderung. – Es fragt sich nun: In *wessen* Kopf? Natürlich vor allem im Kopf des Erziehers. Es ist seine Aufgabe, den ihm leiblich vor Augen stehenden gegenwärtigen Zustand der dispositionellen Verfasstheit des Zöglings wahrzunehmen und zu beurteilen, die Chancen der Verbesserung abzuschätzen, die Gefahren der Verschlechterung zu erkennen und auf all das seine Wahl der gegenwirkenden und unterstützenden Einwirkungen zu gründen, sodass ihm ein konkretes Bild des künftigen (demnächstigen) Zöglingszustands entsteht, den er, der Erzieher, durch seine Tätigkeit verwirklichen will und zu verwirklichen versucht. (Die so genannten Erziehungsziele, soweit sie taugen [also im Unterschied zu den Bildern, wie sie in Kapitel 32, § 185 beschrieben werden], sind Prospektivmodi.) – Aber nicht nur im Kopf des Erziehers. Auch *im Kopf des Zöglings* existiert ein Prospektivmodus seiner selbst; auch ihm ist die Unvollkommenheit seiner augenblicklichen dispositionellen Verfasstheit bewusst: Er will mehr wissen, als er jetzt weiß, mehr können und mehr wollen dürfen, als er jetzt darf, und er hat ‚die Großen', die älteren Mitzöglinge, als Symbole seiner Sehnsucht vor Augen. Nur: der Prospektivmodus im Kopf des Zöglings ($M_{1...z}$) stimmt in den allerseltensten

Fällen mit dem Prospektivmodus, den der Erzieher im Kopf trägt ($M_{1...E}$), völlig überein; vor allem wünscht der Zögling in vielen Fällen die Veränderung rascher, als sie tatsächlich möglich ist oder als der Erzieher sie für angemessen hält, und die Möglichkeiten der Verschlechterung werden vom Zögling weniger leicht als vom Erzieher oder gar nicht wahrgenommen. Es ist die Regel, dass $M_{1...E}$ und $M_{1...Z}$ konfligieren; günstigen- und sicher nicht seltenenfalls lässt sich eine kleinere oder größere Teilübereinstimmung herbeiführen.

§ 198

(2) Wann *existiert* ein Prospektivmodus? Gewiss nicht zu den Zeiten, denen er in der Vorschau zugeordnet wird: M_1 nicht in t_1, M_2 nicht in t_2 und M_{235} nicht in t_{235}. Sie alle, als Vorstellung eines Noch-nicht-Realen, können nur in einem realen, also gegenwärtigen Kopf ent- und bestehen; ihr Existenzzeitpunkt ist immer **t**, und ihr tatsächlicher Bezugspunkt ist immer der in t vorhandene Realmodus **M** des Zöglings. Ich spreche also von der *Gleichzeitigkeit* (Kontemporaneität) von M und $M_{1...}$. Der dem Zögling wie dem Erzieher zu unterstellende Veränderungsimpuls führt zu einer Kritik am Realmodus, und zwar in zweierlei Hinsicht. Zum einen wird M abgeklopft auf die tatsächlichen Veränderungsmöglichkeiten hin, die in ihm stecken; Unmögliches soll nicht versucht und muss nicht befürchtet werden. Zum anderen werden die gegebenen Möglichkeiten beurteilt und bewertet, ob sie zu wünschen oder zu meiden sind.[4] Aus der Kritik erwächst ein Vorstellungsbild vom Zögling *nach* der gedachten Veränderung (M_1). Dieses kann nun wiederum umgekehrt die Kritik an M anschaulich machen und präzisieren. Aus der M-M_1-Differenz (die hier aber keine *reale* Zeitdifferenz ist; wir sind immer noch bei t) ergibt sich die einzuschlagende Richtung der modifizierenden Tätigkeit von Zögling und Erzieher und dann auch die modifizierende Tätigkeit selbst.

§ 199

Mit der realen Zeitdifferenz hat man es zu tun, wenn man die Zeit zum Punkt t_1 vorrücken lässt, der dadurch zum gegenwärtigen Moment wird. Zugleich tritt an die Stelle des bisherigen Prospektivmodus M_1 der neue Realmodus (M_{neu}), der aus dem bisherigen Realmodus (M_{alt}) durch die auf M_1 hin orientierte Modifikation hervorgegangen ist. Dass M_{neu} nicht identisch ist mit M_{alt}, versteht sich von selbst; begründet werden muss jedoch der Sachverhalt, dass M_{neu} auch nicht

---

4   Mehr als diese formale Bestimmung ist in der prozesstheoretischen Analyse weder möglich noch erforderlich. Die inhaltliche Fassung des jeweils Wünschenswerten und Vermeidungsbedürftigen hängt ab von *feldspezifischen* Gegebenheiten und wird erst später, im vierten Theorieteil, thematisch.

identisch sein kann mit M_1. Denn M_1 existierte, wie in § 197 dargelegt, in zwei verschiedenen Versionen als M_{1E} und M_{1Z}, weshalb die Modifikation keine einheitliche Richtung verfolgen konnte. Nicht einmal der Bereich, in welchem die Vorstellungen von Erzieher und Zögling übereingestimmt haben, sozusagen die Schnittmenge M_{1E} und M_{1Z}, lässt sich *identisch* in der Wirklichkeit von M_{neu} wiederfinden, weil die modifizierende Tätigkeit dem Gesetz der pädagogischen Kausalität unterliegt und ihre Wirksamkeit demnach kontingent und diffus ist (§§ 83–87). Folgerung:

Mit dem Eintritt der *realen Zeitdifferenz* M – M_{neu} verliert die *gedachte* Zeitdifferenz M – M_1 ihre prozessuale Bedeutung; M_1 hat das Zustandekommen des neuen Realmodus (zwar nicht bestimmt, aber) ermöglicht und ist nichtig geworden, nachdem es diese Aufgabe erfüllt hat. M_{neu} ist nun die Realität des gegenwärtigen Zöglings und verlangt, dass auf ihrer Grundlage und im alleinigen Bezug auf sie der nächstfolgende Prospektivmodus (M_2) ins Auge zu fassen ist. So wiederholt sich die Struktur und wiederholt sich weiter bis zum Ende der Erziehungszeit.

§ 200

Die Fundamental-Struktur des Erziehungsprozesses lässt sich als Ablaufverhältnis *von Realmodus zu Prospektivmodus zu Modifikation zu Realmodus* formalisieren und graphisch abbilden:

Figur 7:

$$M : M_1 : mdf : M_{neu}$$

Zusatz. Es kommt allzu oft vor, dass Erzieher in ihrem Handeln die prozessuale Fundamental-Struktur verfehlen. Das kann sowohl Laien als auch Berufserziehern leicht passieren und legt zu einer Vielfalt von Erziehungsfehlern den Grund. Die häufigsten seien genannt. Viele Erzieher orientieren ihre modifizierenden Einwirkungen nicht auf den nächstliegenden Prospektivmodus M_1 hin, sondern auf einen entfernt oder weit entfernt liegenden – vielleicht auf M_{72} oder M_{7329} – und vergessen, dass sie in Bezug auf die gegenwärtige Tätigkeit des gegenwärtigen Zöglings handeln. Und wenn sie dann diesen Kunstfehler auch noch zu rechtfertigen suchen mit der angeblichen Wichtigkeit der ‚Erziehungsziele': oh je. – Andere Erzieher entwerfen ihre Wünsche für morgen nicht aus der heutigen Verfasstheit des Zöglings heraus, sondern halten an ihren Wünschen von gestern und vorgestern unbeirrbar fest (Den Extremfall hat *Erich Kästner* im Gedicht den Müttern unterstellt: „Am besten wär's, die Kinder blieben klein".) – Und wiederum andere neigen dazu, den Wechsel von M_{alt} zu M_{neu} einfach zu ignorieren, usw. – Die Fehler sind kombinierbar.

Episode 9

Die Rousseau-Schleiermacher-Debatte über die „Aufopferung des Moments" ist in der neueren Theoriegeschichte der Pädagogik der Ort, wo das Problem der prozessualen Fundamentalstruktur erstmals und ansatzweise aufblitzt. Ich versuche, die Debatte zu rekonstruieren. Am Anfang steht der leidenschaftliche Appell *Rousseaus*, die Gegenwart des Zöglings nicht einer ungewissen Zukunft, die er vielleicht gar nicht erleben wird, aufzuopfern. Er protestiert damit gegen eine Erziehungspraxis, die dem Kinde gegenwärtiges Leid und Qualen zumutet, damit ihm künftiges Glück widerfahre und künftiger Nutzen zuteil werde, und beruft sich darauf, dass die Zukunft des Zöglings immer eine offene ist, und auf die Kindersterblichkeit, die ihn aller Zukunft berauben kann. Man hat in diesem Appell und seiner Begründung den Kern dessen gesehen, was man „*Rousseaus* Entdeckung der Kindheit" genannt hat: dass Kinder keine defizitären Erwachsenen sind und dass Kindheit nicht etwas Vorläufiges ist, etwas nur vom Künftigen her Gerechtfertigtes, sondern eine eigenständige und eigenwertige Epoche der Anthropogenese mit eigener Seinsweise und eigenen besonderen Rechten und Ansprüchen. So ist diese Sichtweise in den Traditionsbestand des pädagogischen Rousseauismus eingegangen; und anderthalb Jahrhunderte später hat der große Erzieher *Berthold Otto* sie auf die einprägsame Formel gebracht, man solle damit aufhören, eine aufblühende Rosenknospe für eine leider noch unfertige Hagebutte zu halten.

So wie *Otto* das sagt, klingt es wie ein ästhetisches Argument. In *Rousseaus* Argumentation schwingen zwar ästhetische Obertöne mit, aber die Melodie ist klar eine ethische: Es ist unfair und unmoralisch, dem Zögling Aneignungsleistungen *abzuverlangen*, deren späterer Nutzen oder Gewinn ihm jetzt noch uneinsichtig ist; man quält ihn damit. Doch wird die Melodie gleichsam (um im Bilde zu bleiben) von einer Basslinie begleitet, die nicht ethischer, sondern struktureller Natur ist: Warum sind solche Aneignungsleistungen quälend? Sie sind deshalb quälend, weil der Zögling außerstande ist, sie von sich aus zu *erbringen*. Das ist so: er konnte es 1762 nicht und kann es 2013 ebenso wenig. Denn alle Tätigkeitsdispositionen als Gegenstände der Aneignung enthalten nicht nur Fertigkeiten und Kenntnisse, sondern ebenso auch *Motive*, nämlich Gründe, die jeweils disponierte Tätigkeit ausüben zu wollen, sodass TD-Aneignungen nur dann vollständig sein können, wenn sie sich auf solche Tätigkeiten beziehen, die dem Zögling hier und jetzt auch möglich sind und sinnvoll erscheinen. *Rousseau* hat, in Bezug auf die Prozessphase Unterricht (die im III. Buch das Thema ist), den Erzieher Jean-Jacques aus Émiles Robinson-Studien heraus die didaktische Leitfrage: *à quoi est-il bon?* entwickeln lassen zur Auswahl der geeigneten Unterrichtsgegenstände: die Frage nach der Brauchbarkeit der disponierten Tätigkeiten. Émile verpasst eine Einladung und erfährt den Nutzen des Lesenkönnens; man verirrt sich auf dem Ausflug, verliert in der hereinbrechenden Nacht die Orientierung und begreift den Wert astronomischer Kenntnisse; u.s.w. Im Schlussakkord gleichsam des Arguments werden das Ethische und das Strukturelle zusammengeführt: Nur was die Gegenwart des Zöglings erfüllen kann, gehört in die Gegenwart, und sonst nichts.

Die rigorose Ethik verband sich mit dem methodischen Dogma. *Rousseau* beließ es dabei, und die mächtige Herausstellung des gegenwärtigen Moments, **M**, des Realmodus, bleibt sein unverlierbares Verdienst. – Und doch: Etwas stimmt nicht ganz, etwas fehlt. Die Meinung, die der Genfer Meister geißelt und verdammt, indem er von Aufopferung spricht: dass nämlich in der Erziehung die Gegenwart des Zöglings unter den Anspruch seiner Zukunft zu stellen sei, diese Meinung existiert ja nicht von ungefähr und ist nicht *per se* wider die pädagogische Vernunft. Und hat er nicht selber, an anderer Stelle, Erziehung so beschrieben, dass sie uns all das gebe, was wir noch nicht haben, aber *später*, wenn wir groß sind („étant grands") brauchen werden? Es liegt im Wesen, im Begriff der Erziehung, dass sie die Zukunft des Zöglings will. Gewiss, sie will die Zukunft in der Gegenwart und kann sie nur dort wollen; aber wo und wie *existiert* die Zukunft in der Gegenwart? Jean-Jacques, der als unfehlbar und allwissend konstruierte Erzieher, *weiß*, was Émile künftig brauchen wird; Émile, der konstruierte Zögling, weiß es nicht und muss durch methodisch raffinierte Tricks dazu gebracht werden, seine künftigen Bedürfnisse als gegenwärtige zu empfinden und zu erleben.

Die Rousseau-Rezeption, vor allem der von der Romantik ausgehende Hauptstrom des pädagogischen Rousseauismus, hat sich immer schwer getan mit der Konstruiertheit des Zöglings Émile und des Modells seiner Erziehung. Die ‚Entdeckung des Kindes' konnte man begeistert aufnehmen, aber im Rahmen des Individualitätskults kann man mit einem Kind nicht viel anfangen, das aller individuellen Merkmale entkleidet wird, bevor es überhaupt als exemplarischer Zögling, als reines Gattungswesen, taugen kann; und eine Mentalität, die nur in dem Gegensatz von Individualerziehung und Sozialerziehung denkt, muss das als fremd empfundene Modell der rousseauischen Gattungserziehung für sich zum Modell einer Individualerziehung umdeuten, um es rezipieren zu können. Da reibt es sich mächtig. In der Tat erreicht ja die Pädagogik *Rousseaus* ihre Wahrheitsgrenze dann, wenn es um die Erziehung wirklicher Kinder, realer Individuen in realen Situationen, geht.

Hier kommt *Friedrich Schleiermacher* ins Spiel, zunächst gar nicht als Kritiker *Rousseaus*; denn er schließt sich dessen These von der Nichtaufopferung des gegenwärtigen Moments in vollem Umfang an und übernimmt sowohl die ethische Forderung an den Erzieher als auch die erziehungsstrukturelle Begründung. Was ihn stört, ist lediglich das falsche Bild vom Zögling, und zwar nicht deshalb, weil es überhaupt konstruiert wäre,[5] sondern weil die Konstruktion einen empirischen

---

5 *Schleiermacher* geht also mit der Kritik nicht so weit, wie zuvor Herbart gegangen war, der gegen die kantianischen Pädagogiker den treffenden Einwand erhoben hatte, der Zögling könne nicht konstruiert, sondern nur vorgefunden werden. – Hier muss man freilich eine Doppelbedeutung

Mangel aufweist: Es stimmt ja nicht, dass Kinder kein eigenes Zukunftsbewusstsein haben können.

Schleiermacher nimmt also von dem Rousseauargument nichts weg, sondern fügt etwas hinzu, was sich folgendermaßen rekonstruieren lässt: Sobald (a) ein Kind zählen kann und sobald sich (b) in seinem Hirn die Denkfigur (das Schema) des *futurum exactum* stabilisiert: „Noch dreimal schlafen, dann kommt das Christkind", ist es dem Erzieher möglich, sich auf das wachsende Zukunftsbewusstsein des Zöglings so einzustimmen, dass sich die doch sehr aufwändigen methodischen Tricksereien des ‚Jean-Jacques' erübrigen und einer einfachen rationalen Methodik Platz machen, die die Gegenwart des Zöglings füllen und sie auch mit Momenten seiner Zukunft anreichern kann. Von einer unvermeidlichen „Aufopferung des gegenwärtigen Moments" kann dann keine Rede mehr sein, wenn **M** als nicht nur $M_{1...z}$ in sich enthaltend gedacht wird.

---

von Konstruktion bedenken: *Herbarts* Einwand trifft nur die Meinung, der *Erzieher* konstruiere den Zögling. Dass der *Begriff* des Zöglings konstruiert werden muss, kann niemand bestreiten.

35. Kapitel:
Der Prozess in der Rückschau

§ 201

Die Reihe der Retrospektivmodi (M $_{-1...}$) zeigt die vergangene, die *real gewesene* Strecke der Erziehungszeit. Retrospektivmodi des Zöglings sind freilich zum gegenwärtigen Prozesspunkt (**t**) nur dann relevant, wenn sie und soweit sie vom Zögling erinnert werden (oder auch vom Erzieher, wenn er dabei gewesen ist), und nur als erinnerte können sie dann und wann ein hilfreiches oder warnendes Licht auf anstehende Prospektiventscheidungen werfen.

> **Zusatz.** Die Retrospektive kann gestützt sein durch erhalten gebliebene oder gesammelte Gegenstände oder Texte aus der Biographie des Zöglings. Eine Retrospektive kann aber auch hergestellt werden durch kontinuierliche Dokumentation eines Prozessverlaufs („Tagebuch" o. ä.) oder durch seine nachträgliche Rekonstruktion („Anamnese"). Beide Verfahren taugen nicht nur zur Ermittlung individueller, sondern, erweitert, auch kollektiver Zöglingsvergangenheiten bis hin, in größeren Foschungsmaßstäben, zu feldbezogenen und feldspezifischen Prozessverläufen und nähern sich so den Methoden historischer Datenerhebung.

§ 202

Der Erziehungsprozess in der Rückschau ist *der tote Teil des Prozesses*; er ruht im Grab der Vergangenheit. Alle Entscheidungen sind entschieden, alle Maßnahmen getroffen, alle Modifikationen getätigt; nichts kann mehr revidiert werden. – Gewiss, man kann Fehler im Nachhinein bedauern und Gelungenes preisen, sofern man beides erkennt, und kann Erfahrungen daraus ziehen zugunsten gegenwärtiger und künftiger Prozessentscheidungen. Erzieher besitzen einen Vorrat solcher lebendiger Kenntnisse, die gar nicht mal nur von ihnen selbst stammen müssen; kollegialer Austausch kann dazu beitragen. Supervision, Erinnerung an Erzähltes und Gelesenes, komprimierte Erfahrungen vergangener Erziehergenerationen ...

Hier bricht das Manuskript ab ... Die Fortsetzung der Theorie bleibt all dem überlassen, wovon Wolfgang Sünkel im § 202 spricht ...

Teil IV:
Das Erziehungsfeld

Zwölfter Abschnitt:[1]
Der Begriff des Erziehungsfeldes

36. Kapitel:
Die logische Struktur des Erziehungsfeldes

§ 203

Im strengen terminologischen Sinne stammt der Begriff „Feld" aus der Physik. Seine Bedeutung für die theoretische Pädagogik lässt sich nicht über eine Nominaldefinition erfassen. Vielmehr ist es erforderlich, die Problemstellung zu verdeutlichen, die den pädagogischen Feldbegriff unerlässlich macht: Zwei Betrachtungsaspekte – der verhältnistheoretische und der prozesstheoretische – wurden aus dem Schema des allgemeinen Erziehungsbegriff abgeleitet. Deren Unterscheidbarkeit kommt nur durch eine künstliche Isolierung des jeweiligen Aspektes und eine weitestgehende Abstraktion vom jeweils anderen Gesichtspunkt zustande. In Wirklichkeit sind die Beziehungsstrukturen und die Zeitdifferenzstrukturen stets verwoben und nie in Reinform anzutreffen. Das gilt insbesondere wegen des Aspekts, auf den bereits häufiger hingewiesen wurde, der jedoch als feldtheoretischer erst jetzt gewonnen und ebenfalls systematisch erfasst werden soll. Der erziehungsfeldtheoretische Aspekt wird dadurch erlangt, dass die beiden anderen Gesichtspunkte – der verhältnistheoretische und der prozesstheoretische – zusammen als eine Abstraktion aufgefasst werden.

Gegen eine Beschäftigung mit solchen rein logischen Strukturen kann mit einem gewissen Recht eingewandt werden, dass diese begriffliche Reinheit in der Erziehungswirklichkeit nicht existiert. Deshalb sind Beispiele, die zur Verdeutlichung bestimmter erziehungslogischer Strukturen gegeben wurden, als Annäherung an die logischen Problemstellungen aufzufassen. So sind im Bereich der Schule, aus dem die meisten Beispiele stammen, die begrifflich logischen Strukturen nur „verunreinigt" wahrnehmbar. Sie sind in ein System von Voraussetzungen und Bedingungen eingefügt, die nicht aus dem Erziehungsbegriff abzuleiten sind. Bestandteile der Institution Schule sind eben nicht nur Erziehung und Unterricht, sondern unter anderem auch Verwaltung und Rechtsordnung.

---

[1] Hier beginnt die sinngemäße Wiedergabe von Gedanken, die sich einerseits glücklicherweise noch an einer vom Autor durchgesehenen Mitschrift seiner Vorlesung zur Theorie der Erziehung aus dem Sommersemester 1985 orientieren können, die von den geschätzten Kommiliton*innen Edgar Birzer und Christine Sommer erstellt wurde. Andererseits fließen notierte und erinnerte Gedanken ein, die Wolfgang Sünkel stets in zwanglosen Gesprächsrunden vortrug und gemeinsam mit seinen interessierten Studierenden und Kolleg*innen weiterentwickelte (Sünkel 2011, S. 82).

Verhältnistheoretische und prozesstheoretische erziehungslogische Strukturen sind real nur angereichert mit außerpädagogischen Strukturen anzutreffen. In ihrer logischen Gestalt können erziehungslogische Strukturen nur unabhängig von solchen außerpädagogischen Momenten beschrieben und analysiert werden. Die konkrete Gestalt dagegen, die diese Strukturen in der Realität annehmen, ist häufig nicht einmal vorrangig erziehungslogisch bestimmt. Die reale Gestalt kann durch außerpädagogische Momente modifiziert, häufig sogar determiniert sein.

Die Frage nach einer erziehungslogischen Gestaltbarkeit solcher außerpädagogischen Determinanten der Erziehungsrealität kann bis zum Problem der grundsätzlichen pädagogischen Einschätzung eines gesellschaftlichen Systems reichen. Kriterium einer solchen Betrachtung ist die Realisierbarkeit erziehungslogischer Strukturen in der gesellschaftlichen Realität. So lassen sich die Tendenzen der Verrechtlichung und Ökonomisierung als zunehmende Einschränkung pädagogischer Rationalität in der Wirklichkeit auffassen.

Zwischen Erziehung und Geschichte besteht – wie bereits gezeigt – ein dialektisches Verhältnis: Geschichtlichkeit des Menschen ist ohne die Voraussetzung der Weitergabe des nichtgenetischen Erbes an die nachfolgende Generation, also ohne Erziehung, unmöglich. Erziehung findet real unter besonderen, sie erst ermöglichenden geschichtlichen Bedingungen statt. Der allgemeine Erziehungsbegriff mit seiner Gültigkeit für alle existenten und denkbaren menschlichen Gesellschaften realisiert sich in den jeweiligen Gesellschaften auf je verschiedene Weise. Erziehung als transhistorisches Phänomen liegt der geschichtlichen Welt als Grund ihrer Möglichkeit voraus und ist zugleich in ihrer Wirklichkeit geprägt durch die jeweiligen historisch-gesellschaftlichen Bedingungen, unter denen sie stattfindet. Diese historisch-gesellschaftliche Geprägtheit von Erziehung ist Gegenstand der Theorie des Erziehungsfeldes.

Erziehungsfeldtheoretische Sachverhalte lassen sich auf zweifache Weise behandeln. Unter erziehungsgeschichtlichen Gesichtspunkten werden geschichtliche Erscheinungsformen menschlich-gesellschaftlichen Lebens und die ihnen entsprechenden Gestaltungen der Erziehungsrealität untersucht. In der theoretischen Pädagogik dagegen ergibt sich die Frage, ob innerhalb der historisch unendlich vielfältig gearteten Beeinflussungen von Erziehung durch das jeweilige gesellschaftliche Umfeld grundlegende Momente feldspezifischer Einschränkung bzw. Determination erziehungslogischer Strukturen gegeben sind. Es ist die Frage nach den logischen Voraussetzungen des Abweichens der Realität von der Logik. Der Begriff Erziehungsfeld ist folglich zu definieren als das System der jeweils historisch besonderen sozio-kulturellen Verhältnisse und Bedingungen, in denen Erziehung stattfindet, auf die sie sich bezieht und durch die sie teils determiniert, teils beeinflusst wird.

An dieser Stelle ist ein Rückblick angebracht. Im Rahmen der verhältnistheoretischen Überlegungen zur pädagogischen Kausalität wurde unterschieden zwischen vom Erzieher gesetzten, beeinflussbaren und hinzunehmenden Einwirkungen (§ 88, S. 97). Nun wird in diesem Zusammenhang deutlich, worin die Gründe dafür liegen, eine bestimmte Einwirkung einem besonderen Typus zuordnen zu können. Diese Unterscheidbarkeit beruht auf erziehungsfeldspezifischen Beeinflussungen der realen Gestalt von Erziehung. Ob der Einfluss dem Sektor der hinzunehmenden Einwirkungen zuzuordnen ist, ist von den jeweiligen Strukturen des historisch-gesellschaftlichen Umfeldes abhängig. Es ist sogar eine Identität zwischen dem System der Einwirkungen und dem Erziehungsfeld zu konstatieren. Denn der Bereich der durch den Erzieher modifizierbaren Einflüsse besteht aus Einwirkungen, die sowohl als Einwirkungen selbst wie in ihrer Beeinflussbarkeit ebenfalls durch die gesellschaftliche Realität bedingt sind, innerhalb der die Erziehung stattfindet. Selbst das System der vom Erzieher geplanten Setzungen ist nicht unabhängig vom umgebenden Erziehungsfeld. Feldspezifisch determiniert sind nämlich sowohl die Möglichkeiten, Einwirkungen zu setzen, wie auch die zum Setzen von Einwirkungen verfügbaren Erziehungsmittel. Erziehung findet eben nicht isoliert vom übrigen gesellschaftlichen Leben statt. Sie steht in engster Verbindung mit anderen gesellschaftlichen Teilbereichen und ist in ihrer realen Gestalt von diesen beeinflusst. Ein Beispiel zur Verdeutlichung der zentralen Fragestellung der Feldtheorie, der Frage nach den Bedingungen der besonderen historisch-gesellschaftlichen Determination bzw. Abänderung verhältnis- und prozesstheoretischer erziehungslogischer Strukturen, wurde an anderer Stelle bereits vorweggenommen: Durch die gedankliche Einfügung eines historisch besonderen Merkmals (extreme Klassengesellschaft) erfuhr das Schema des allgemeinen Erziehungsbegriffs eine Abänderung. Denn unter den Bedingungen einer extremen Klassengesellschaft genügt die Weitergabe des nichtgenetischen Erbes innerhalb der herrschenden Klasse[2].

---

2   „Hier gilt das reine Schema nur für die Generationen der jeweils herrschenden Klasse, während denen der beherrschten Klassen nur ein rudimentärer Anteil an der kulturellen Kontinuität gewährt wird" – lautet die spätere Formulierung (vgl. Sünkel 2011, Zusatz zu § 55, S. 66). Dort reflektiert Wolfgang Sünkel auch auf die transhistorische Dimension von Erziehung indem er fortsetzt: „Erst dann, wenn es den Beherrschten gelingt, für sich eine eigene Kulturalität und einen eigenen pädagogischen Zusammenhang in der Generationenfolge herzustellen, sodass sich ‚Klassenbewusstsein' entwickelt, entsteht die historische Möglichkeit eines sei es revolutionären, sei es evolutionären Umbaus der gesellschaftlichen Verhältnisse" (ebd.). Auf das Paradoxe an diesem Unterfangen gesellschaftliche Veränderungen auf dem Wege der Erziehung hervorzubringen, gehe ich in der Episode 10 noch genauer ein.

Dreizehnter Abschnitt:
Gestalten und Gestaltung des Erziehungsfeldes

37. Kapitel:
Die konkreten Gestalten des Erziehungsfeldes

§ 204

Nach der Komplexität des Erziehungsfeldes kann zum einen in Bezug auf die feldspezifische Bestimmtheit der Gestalt des pädagogischen Problems und zum anderen hinsichtlich der Dimensionen des Erziehungsfeldes gefragt werden. Die jeweilige Gestalt des pädagogischen Problems ist – insofern in ihr mehr enthalten ist als die rein logische Problemstruktur – in ihrer jeweils besonderen und konkreten Bestimmtheit nur zu beschreiben als eine bestimmte Konstellation des Erziehungsfeldes. Nicht ein pädagogisches Problem als solches mit seiner transhistorischen logischen Gestalt, sondern dessen feldspezifische Bedingtheit ist Gegenstand der ersten Fragerichtung. Diese Beeinflussung der reinen erziehungslogischen Problemgestalt ist für die, in konkreten Erziehungsfeldern stattfindende Praxis, von besonderer Wichtigkeit. Es wäre aber voreilig und falsch, daraus die Konsequenz zu ziehen, die reine Gestalt gar nicht kennen zu müssen. Denn die Kenntnis über reine erziehungslogische Strukturen ermöglicht eine Einschätzung, in welchem Maße sie in der Realität der eigenen erzieherischen Praxis „verunreinigt" sind. Erst eine Abschätzbarkeit des Grads der feldspezifischen Veränderung gewährt Wissen über die realen Möglichkeiten des eigenen pädagogischen Handelns. Feldspezifische Bedingungen haben für die Möglichkeit von Erziehung eine doppelte, scheinbar widersprüchliche Bedeutung. Feldbedingungen erschweren oder verhindern nicht nur Erziehung, sie können andererseits Erziehung überhaupt erst ermöglichen. Allerdings besitzen in der Realität nicht alle feldspezifischen Präzisierungen diese, die Erziehung ermöglichende, Komponente. Feldbedingungen sind aber auch nicht von vornherein ausschließlich als Einschränkung der erzieherischen Möglichkeiten aufzufassen. Sie sind erst dann als hemmend zu bestimmen, wenn nicht bei genauer Überprüfung eine ermöglichende Komponente erkennbar wird[1]. Häufig

---

1 Auch da plädiert Sünkel nicht ohne Grund für ein vorsichtig besonnenes Vorgehen, denn sogar massiv hemmende Faktoren aus dem Erziehungsfeld, können bei den beteiligten Subjekten den Widerstandsgeist und das Sinnen auf kreative Lösungen genauso wecken wie resignative Haltungen oder schlichten Opportunismus. Sogenannte paradoxe Interventionen leben davon, dass sich hemmende und ermöglichende Komponenten nur schwer unterscheiden lassen.

sind diese beiden Seiten feldspezifischer Bedingungen in der Realität jedoch nicht klar voneinander zu unterscheiden.

Eine dialektische Widersprüchlichkeit von Beschränkung der Möglichkeit und Ermöglichung von Realität stellt den wesentlichen Grundzug der Komplexität von Erziehungsfeldern dar. Die zweite Möglichkeit der Betrachtung der Komplexität des Erziehungsfeldes bezieht sich auf seine Dimensionen. Solche Dimensionen des Erziehungsfeldes sind nicht ursächlich pädagogischen Charakters, sondern sie sind Dimensionen der Struktur des gesellschaftlichen Lebens. Die nachfolgend behandelten Erziehungsfelddimensionen stellen eine exemplarische Auswahl aus der Vielzahl der Dimensionen dar:

a) Offensichtlich ist, dass dem Erziehungsfeld eine *ökonomische* Dimension angehört. Eine Schule kostet Geld für Erstellung und Erhaltung der Gebäude, zur Bezahlung des pädagogischen und des nichtpädagogischen Personals, für Lehrmittel usw. Die Beeinflussbarkeit der Erziehungspraxis durch die ökonomische Felddimension ist klar erkennbar. Denn ohne die erforderlichen finanziellen Mittel wäre ein Unterrichten in Schulen unrealisierbar. Das Verhältnis zwischen ökonomischer Felddimension und Erziehungsrealität ist allerdings kein einseitiges und lineares. Reichlich vorhandene finanzielle Mittel ermöglichen nicht zwangsläufig eine bessere Erziehung. Die ökonomische Dimension ist nicht die einzige und ausschließliche Dimension des Erziehungsfeldes. Andere Dimensionen können unter bestimmten Umständen das Potentielle einer Dimension an seiner Realisierung hindern. Pädagogisches Denken über Erziehungsfelddimensionen kann deshalb auch nicht ausschließlich ein Denken in pädagogischen Kategorien sein. Es muss vielmehr die spezifischen Rationalitäten der jeweiligen Felddimension in sich aufnehmen.

b) Eine weitere Dimension des Erziehungsfeldes wird deutlich, wenn man sich den gesellschaftlichen Bereich der Kulturpolitik vergegenwärtigt. Maßnahmen des Gesetzgebers stellen feldspezifische Bedingungen politischer Art dar. Nicht ausschließlich pädagogisches Denken, sondern doch eher politische Rationalität führt dazu, dass durch ein Gesetz ein ganzer Schultypus neu installiert oder ein anderer, unter Umständen durchaus bewährter, wieder beseitigt werden kann. Die *politische* Dimension des Erziehungsfeldes wird nicht ausschließlich durch die Kulturpolitik bestritten. Um andere Aspekte identifizieren zu können, ist es nötig, sich vom institutionalisierten Erziehungs- und Unterrichtswesen zu entfernen. Die gesamte Politik eines Staates ist – unter pädagogischen Kategorien betrachtet – identifizierbar als ein die Erziehung in ihrer aktuellen Problemgestalt bestimmendes Moment. So wird derzeitig über die Einführung eines bezahlten Erziehungsjahres in der Öffentlichkeit diskutiert. Die Entscheidung des Gesetzgebers über diese sozialpolitische Frage wird – wie sie auch konkret ausfallen mag – Auswirkungen haben auf die konkrete Problemgestalt der Erziehung. Wie die staatliche Sozialpolitik so ist auch die Wirtschaftspolitik als Erziehungsfelddimension zu bestimmen: Indirekt deshalb, weil die ökonomische Dimension des Erziehungsfeldes nicht unabhängig von der staatlichen Wirtschaftspolitik gedacht werden kann. Auf direkte Weise ist sie Felddimension, weil in unterschiedlich industrialisierten Regionen unterschiedliche Bedingungen und Voraussetzungen des Erziehens vorfindlich sind. Andere Sektoren der staatlichen Politik wie die Außenpolitik, Innenpolitik etc. sind in ähnlicher Weise Bestandteile der Felddimension politischer Art.

c) Analytisch lässt sich von der ökonomischen und der politischen Dimension die *gesellschaftliche* abgrenzen. Eine solche Abgrenzung beruht allerdings auf einer Abstraktion, denn innerhalb der Realität bestehen zwischen den Bereichen Ökonomie, Politik und Gesellschaft vielfältige Interdependenzen. Die Existenz der gesellschaftlichen Felddimension lässt sich verdeutlichen am schichtspezifischen Gebrauch des Dialekts: Dialekt wird in der Unterschicht in wesentlich stärkerem Ausmaß gesprochen als in der Mittel- und Oberschicht. Da sich Aneignungs- und Vermittlungstätigkeiten in bedeutendem Maße über Sprache vollziehen, übt die Schichtzugehörigkeit durch den zuzuordnenden Sprachgebrauch Einfluss aus auf konkrete Gestaltungen der Aneignungs- und Vermittlungstätigkeit.

d) Eine weitere Dimension des Erziehungsfeldes stellt die *rechtliche* dar. Das ganze gesellschaftliche System ist begleitet von einem System rechtlicher Kodifizierung. Der gesellschaftliche Teilbereich Erziehung unterliegt damit wie jede andere gesellschaftliche Region einer rechtlichen Normierung. Ein Prozess rapide zunehmender Juristifizierung des Schulbereichs ist aktuell zu beobachten. Prozesse der Verrechtlichung des Erziehungssystems haben für die Beteiligten einerseits Entlastungsfunktion. Die Praktiker sind von viel Entscheidungsnotwendigkeit und -unsicherheit, Risiko und Verantwortung entbunden. Andererseits reduziert sich aber durch diese Entlastung die, mit einem gewissen Mut zum Risiko und Kreativität im Entwerfen neuer Formen erzieherischen Handelns verbundene, Selbständigkeit des Handelns. Die rechtliche Dimension des Erziehungsfeldes hat damit ebenfalls den – bereits bekannten – doppelten Charakter des Ermöglichens und Beschränkens. Wie in allen anderen Felddimensionen besteht auch in der juristischen Dimension ein konkurrierendes Verhältnis zwischen der Dimensionsrationalität und dem pädagogischen Denken. Die Möglichkeit zur Gleichgewichtigkeit, unter Umständen zur Durchsetzung, besteht hier für das pädagogische Denken in der Ergänzungs- bzw. Auslegungsbedürftigkeit von Rechtsverordnungen und Gesetzen.

Das Erziehungsfeld ist also – wie gezeigt – in verschiedene Dimensionen unterteilbar. Diese Unterscheidbarkeit von Dimensionen der feldspezifischen Erscheinungsform der konkreten Gestalt von Erziehung beseitigt nicht die komplexe Einheit des Erziehungsfeldes.

Die Komplexität des Erziehungsfeldes resultiert vielmehr auch aus einem wechselseitigen Durchdringen der verschiedenen Felddimensionen. Die konkret realisierten Verhältnisse, in denen die verschiedenen Dimensionen zueinanderstehen, haben ihrerseits Auswirkungen auf die Erziehungswirklichkeit. Eine eher informelle und mittelbare Verknüpfung der Dimensionen Ökonomie und Politik, wie sie in dem marktwirtschaftlichen System anzutreffen ist, hat andere Wirkungen als die sehr enge und unmittelbare Beziehung dieser beiden Dimensionen in dem planwirtschaftlichen System. Die verschiedenen Dimensionen des Erziehungsfeldes stellen zugleich Bereiche verschiedenartiger Verantwortlichkeit dar. Felddimensionen sind also auch Verantwortungsbereiche. Die spezifische Verantwortlichkeit einer jeweiligen Felddimension steht in Konkurrenz zur pädagogischen Verantwortung.

§ 205

Der Begriff „Problemgestalt" ist zu verstehen als die Bezeichnung für die feldspezifisch beeinflusste jeweilige Gestalt der pädagogischen Handlungsprobleme der Vermittlung und der Aneignung. Der Ausdruck „Beispiele" ist nicht aufzufassen als veranschaulichende oder erläuternde Darstellungen für feldspezifische Modifizierungen logischer Strukturen der Erziehung. Er bezieht sich vielmehr auf theoretische Einzelprobleme, die sich bei einer rationalen Betrachtung feldspezifischer Bedingtheit von konkreten Gestalten erziehungslogischer Zusammenhänge ergeben. Die drei nachfolgend dargestellten Beispiele sollen jeweils von einer bestimmten erziehungslogischen Struktur ausgehen und dann deren feldspezifische Modifikation verdeutlichen. Das *erste* Beispiel stammt aus dem Bereich des Erziehungsverhältnisses. Die zu behandelnde logische Struktur soll die – bereits behandelte – Gleichzeitigkeit von Symmetrie und Asymmetrie des Verhältnisses von Erzieher und Zögling sein. Um die feldspezifische Modifikation dieser erziehungslogischen Struktur erfassen zu können, wird es erforderlich, die allgemeine Begriffsebene zu verlassen. Modifikationsauslösende feldspezifische Bedingung soll eine aus ihrem ursprünglichen Milieu entfernte und in die Bundesrepublik eingewanderte türkische Familie mit mehreren Kindern sein. Bei einem Versuch der Bestimmung von Asymmetrie bzw. Symmetrie des Erziehungsverhältnisses ergeben sich folgende Erschwernisse aufgrund der angenommenen feldspezifischen Bedingungen: Der dritte Faktor als der Gegenstand von Vermittlung und Aneignung ist hier in zweifacher Ausformung vorfindlich. Als die eine Ausgestaltung des dritten Faktors ist die türkische Kultur mit der dazugehörigen

Sprache, Sitte, Moral etc. aufzufassen und zu unterscheiden von der zweiten hier gegebenen Ausformung durch die deutsche Kultur. Bezüglich dieser beiden Ausgestaltungen des dritten Faktors kann sich nun ergeben, dass das zugehörige Erziehungsverhältnis jeweils verschiedenartig definiert ist. Bei der mitgebrachten türkischen Kultur stellen weiterhin die Eltern die Subjekte der vermittelnden und die Kinder die Subjekte der aneignenden Tätigkeit dar. Für die deutsche Kultur als Ausgestaltung des dritten Faktors besteht durchaus die Möglichkeit, dass sich in dieser Familie das Erziehungsverhältnis umkehrt. Den Kindern kann es unter Umständen gelingen, früher mit Sprache, Kultur, Sitte etc. der Bundesrepublik vertraut zu sein als ihre Eltern. Diese größere Nähe der Kinder zur deutschen Kultur kann dazu führen, dass sich das Erziehungsverhältnis umkehrt und die Kinder zu Subjekten der Vermittlung werden. Es ist offensichtlich, dass es aufgrund einer solchen Umkehrung des Erziehungsverhältnisses zu Erziehungsschwierigkeiten wegen Autoritätsverlusten der Eltern oder auch zu Gefährdungen der charakterlichen Entwicklung der Kinder kommen kann. Daneben kann der pädagogische Bezug zwischen den türkischen Eltern als Subjekten der Aneignung deutscher Kultur und ihren Kindern als Subjekten der Vermittlung deutscher Kultur gekennzeichnet sein durch eine sich wesentlich langsamer reduzierende Asymmetrie, als sie in dem pädagogischen Bezug zwischen den türkischen Eltern als Subjekten der Vermittlung türkischer Kultur und ihren Kindern als Subjekten der Aneignung türkischer Kultur auftritt (vgl. § 74, S. 85). Ein solcher Unterschied in der Geschwindigkeit des Reduzierens von Asymmetrie kann zusätzlich noch zur Erschwerung ohnehin bereits hochkomplexer Problemlagen beitragen.

Das *zweite* Beispiel, das zur Darstellung einer feldspezifischen Ausgestaltung eines pädagogischen Problems dienen soll, stammt aus dem Bereich der Theorie des Erziehungsprozesses. In den prozesstheoretischen Überlegungen wurde bereits auf das Problem des Verhältnisses von Sozialstatus und Begabung eingegangen. Nun soll das Begabungsproblem in anderer Weise zu einer Verdeutlichung beitragen. Bei aller Abhängigkeit der Begabung vom Sozialstatus ist ein Unterschied in den natürlichen Anlagen verschiedener Menschen anzunehmen. Solche besonderen Anlagen lassen sich nicht durch direkte und unmittelbare Beobachtung, sondern erst durch die, den Anlagen entsprechende und ihnen zuzuordnende Leistungen erschließen. Aber welche besonderen Leistungen einer besonderen Anlage zugehörig sind, kann nicht aus der Anlage selbst abgeleitet werden. Vielmehr ist die Zuordnung von Leistungen zu bestimmten Anlagen durch das jeweilige Erziehungsfeld determiniert. Diese feldspezifisch determinierte Zuordnung lässt sich verdeutlichen an einer „strategischen" Begabung. Ob ein „strategisch begabtes" Kind später einmal Generalstabsoffizier, Gangsterboss, Schachgroßmeister, Industriemanager oder Gewerkschaftsführer wird, ist durch die Begabung selbst *nicht* festgelegt. Die jeweilige sozio-kulturelle Umwelt wird beeinflussen, ob und in welche Richtung sich die vorhandene Begabung ausbilden wird.

Das *dritte* Beispiel feldspezifischer Problemgestalten bezieht sich auf einen sozialpädagogischen Sachverhalt, auf das Problem der sogenannten Verwahrlosung. Verwahrlosung ist das Phänomen der Nichtrealisierung potenzieller Entwicklungsmöglichkeiten aufgrund unterbliebener erforderlicher erzieherischer Einwirkung (§ 180, Zusatz). Das pädagogische Problem, das hinter einer Verwahrlosung verborgen liegt, besitzt prozesstheoretischen Charakter: Prinzipiell ist eine Modi-Abfolge in der Entwicklung eines Zöglings immer aufzufassen als ein qualitativ ansteigender Prozess. Der nachfolgende Modus soll durch etwas Höheres und Besseres als die Vorhergehenden gekennzeichnet sein. Ein solcher qualitativer Anstieg erfolgt allerdings nicht zwangsläufig. Er kann vielmehr aufgrund fehlender erzieherischer Einwirkung unterbleiben. Eine defizitäre Modifikation kann sogar so gestaltet sein, dass der neue Modus hinter den vorangegangenen Modi zurückbleibt. Aus dieser prozesstheoretischen Beschreibung der logischen Gestalt des Phänomens „Verwahrlosung" lässt sich dessen konkrete Erscheinungsform nicht bestimmen. Theoretisch lassen sich zwei verschiedene Verwahrlosungsphänomene unterscheiden. Verwahrlosung kann sowohl auf dem objektiven Fehlen von Entwicklungsmöglichkeiten wie auch auf dem subjektiven Nichtnutzen gegebener Entwicklungsmöglichkeiten beruhen. Diese Unterscheidung der beiden Verwahrlosungsphänomene ist für den Praktiker von Bedeutung, weil sich aus der jeweiligen Verursachung andersgeartete erzieherische Handlungsweisen ergeben. Im Fall der Verwahrlosung des Typs „objektiv fehlender Möglichkeiten" wird die erzieherische Handlung darauf zielen, bisher nicht vorhandene Bedingungen und Voraussetzungen für freie Tätigkeiten des Zöglings organisatorisch zu schaffen. Bei der anderen Verwahrlosungserscheinung dagegen wird sich die Erziehung vornehmlich darum bemühen, den Zögling zu ihm bislang unbekannten Tätigkeiten zu veranlassen. Für Erziehungspraktiker stellt sich allerdings das Problem, dass dem jeweiligen Verwahrlosungsfall nicht anzusehen ist, welchem Typus er zuzurechnen ist. Hier liegt eine jener wenigen Konstellationen vor, in der im prozesstheoretischen Denken des Erziehers neben der Zukunftsdimension und dem Prospektivmodus auch die Vergangenheit und der Retrospektivmodus berücksichtigt werden muss. In diesem Fall kann ein für die Pädagogik generell negativ zu bewertender Rückgriff auf die Zöglings Vergangenheit angebracht sein[2]. Diese kann Indizien dafür geben, welche Verwahrlosungserscheinung vorliegt.

---

2   Eine ausführliche Begründung dafür, weshalb ein Rückgriff auf die Vergangenheit des Zöglings grundsätzlich negativ zu bewerten ist, liefert Sünkel in einem früheren Aufsatz mit dem Titel „Die Situation des offenen Anfangs der Erziehung, mit Seitenblicken auf Pestalozzi und Makarenko"(In Ders. (1994): Im Blick auf Erziehung. Reden und Aufsätze. Bad Heilbrunn: Klinkhardt, S. 97–110). Die pädagogische Konsequenz ist hier analog zum Problem der Erkennbarkeit von Begabungen (Sünkel 2011, § 29, S. 43). Auch beim Phänomen der Verwahrlosung ist um des korrektiven und offenen Neuanfangs willen zu unterstellen, es liegen objektiv fehlende Entwicklungsmöglichkeiten und nicht etwa subjektiv ungenutzte Chancen vor.

Bei anderen Konzepten der Theorie der Erziehung wird die Erziehungszielproblematik den prozesstheoretischen Betrachtungen zugeordnet. Die Erziehungszielproblematik ist allerdings systematisch der Theorie des Erziehungsfeldes zuzuordnen. Diese Auffassung beruht zum einen auf dem bereits Dargestellten (vgl. §§ 184–188). Zusätzlich soll diese Position gestützt werden durch folgende Überlegungen: Erziehungszielvorstellungen über eine konkrete zukünftige Gestalt des Zöglings dürfen sich aus prozesstheoretischen Gründen nicht vom gegebenen Realmodus des Zöglings zu weit entfernen. Besteht nämlich zwischen dem Realmodus und dem gedachten Ideal eine zu große zeitliche und inhaltliche Differenz, so sind keinerlei Anhaltspunkte mehr erkenntlich, wie durch erzieherische Einwirkung die nachfolgenden Modifikationen anzuregen sind. Zielvorstellung erzieherischen Handelns kann deshalb niemals der spätere Erwachsene sein, sondern kann nur der Zögling in einem zeitlich nicht allzu weit entfernten Stand seiner künftigen Entwicklung sein. Eine Anwendung des Begriffs Erziehungsziel mag für eine solche Vorstellung zwar begrifflich noch möglich sein, präziser ist aber der Begriff des Prospektivmodus. Gegen eine solche Argumentation kann nun der Einwand geltend gemacht werden, dass das Erziehungsziel keine ganz konkrete Gestalt eines Menschen sein soll. Vielmehr müsse man Erziehungsziele in abstrakten Begriffen, wie Tugend, sittlicher Charakter, Mündigkeit etc., formulieren. Am Beispiel des Begriffs „Mündigkeit" lässt sich nun die Untauglichkeit solcher abstrakter Erziehungszielbestimmungen besonders ausgeprägt verdeutlichen. Mündigkeit des Zöglings bedeutet ja als Erziehungsziel nichts anderes als das Aufhören der Notwendigkeit von Erziehung. Damit ist aber in keiner Weise etwas darüber ausgesagt, wie dieser Zustand erreicht werden kann. Ein fiktiver Diskussionspartner kann nun seinerseits einwenden, dass der Begriff „Mündigkeit" zu formalistisch aufgefasst wird. Dann wäre seine Bestimmung dessen, was unter Mündigkeit zu verstehen sei, damit zu konfrontieren, was sich aus einer solchen Bestimmung für das konkrete Erziehungshandeln ableiten lässt. So wäre beispielsweise die gängige Bestimmung von Mündigkeit als der Fähigkeit, dem eigenen vernünftigen Willen zu folgen, zu überprüfen, ob aus ihr Anhaltspunkte entwickelt werden können, wie der Erziehungsprozess auf dieses Ziel hin organisiert werden muss. Diese Definition von Mündigkeit besitzt allerdings nur für den außerpädagogischen Modus „Erwachsensein" innere Stimmigkeit. Zu einer Organisierbarkeit eines Erziehungsprozesses ist sie, wie nachfolgend an den drei Definitionsbestandteilen „Wille", „Vernunft" und „Gehorsam" gezeigt werden soll, nicht geeignet. Sowohl Wille wie auch Vernunft müssen, damit Mündigkeit als vernünftige Befolgung des Willens das Resultat der Erziehung sein kann, während des Erziehungsprozesses erworben werden. Die Herausbildung dieser beiden Merkmale geschieht aber in der Entwicklung des Zöglings zu unterschiedlichen Zeitpunkten. Der Wille entwickelt sich in der Zöglings-Biographie zeitlich vor der Herausbildung der Vernunft. Damit ist die Ausgewogenheit von Willen und Vernunft, die von der Zieldefinition vorausgesetzt wird, im Prozess nicht realisierbar. Das Zeitalter der beginnenden Willensstärke ist eben dadurch gekennzeichnet, dass die Vernunft noch nicht so weit entwickelt ist, dass an sie zu appellieren wäre. Das Vorhandensein einer auf erzieherische Einwirkung hin intervenierenden Vernunft wäre vielmehr für die in der Entwicklung sich befindliche Willenskraft sogar schädlich. Da nun die Definition nicht berücksichtigt, dass die beiden ersten Momente sich in der menschlichen Entwicklung zu verschiedenen Zeitpunkten herausbilden, enthält sie auch keine Informationen darüber, wie mit dieser Ungleichzeitigkeit von Vernunft- und Willensentwicklung umzugehen ist, um am Ende der Erziehung ein erwünschtes, ausgewogenes Verhältnis realisiert zu haben. Die obengenannte Bestimmung von Mündigkeit erweist sich somit als ungeeignet für die Organisierung eines Erziehungsprozesses. Dies bestätigt sich nochmals, wenn man den dritten Definitionsbestandteil zum Betrachtungsgegenstand macht: Die in der Zielformulierung geforderte Fähigkeit des Gehorsams muss sich wie die beiden anderen Momente im Lauf der Entwicklung herausbilden. Diese Entwicklung verläuft wiederum nicht in einem ausgewogenen Verhältnis zu den Momenten „Wille" und „Vernunft". Von einem Kind, das sich in der Ausbildung seiner Willenskräfte befindet, unbedingten Gehorsam zu fordern, bedeutet möglicherweise, seine Willenskraftentwicklung in gleicher Weise zu schädigen wie durch einen Appell an seine Vernunft. Selbstgehorsam muss aber genau wie die anderen beiden Momente erlernt werden. Damit diese drei Merkmale am Ende des Erziehungsprozesses in einem stimmigen Verhältnis stehen – wie es die Definition fordert –, bedarf es eines Entwicklungsprozesses, der gekennzeichnet ist durch Ungleichartigkeiten, Differenzen und Widersprüche der drei Momente. Einen angemessenen pädagogischen Umgang damit ermöglicht obige Erziehungszieldefinition allerdings nicht. Zusammenfassend lässt sich feststellen, dass weder komplexe Formulierungen noch konkret ausgeformte Gestaltvorstellungen Strukturierungsmöglichkeiten für den Erziehungsprozess anbieten.

Diese negative Argumentation für eine sachliche Zuordnung der Erziehungszielproblematik zur Theorie des Erziehungsfeldes soll durch die nachfolgende positive Begründung ergänzt werden: Eine tatsächliche Wirksamkeit von Erziehungszielvorstellungen und -formulierungen ist nur dann gegeben, wenn diese eine Möglichkeit zur Prozessualisierung enthalten. Dies bedeutet: Faktisch wirksam in der Erziehung sind nur Vorstellungen darüber, wie Kinder, nicht wie Erwachsene, sein und leben sollen. Derartige Vorstellungen wechseln aber in Raum und Zeit und gehören deshalb dem Bereich der historischen Bedingungen jeweiliger Erziehungswirklichkeit an; sie sind Momente des Erziehungsfeldes.

Das über die Sterblichkeitsschwelle hinüberzurettende nicht-genetische Erbe stellt den dritten Faktor der Erziehung dar. Dieses von den beiden anderen Erziehungsfaktoren – Zögling und Erzieher – Unabhängige und ihnen Vorgegebene ist unter pädagogischen Gesichtspunkten analysierbar. Eine solche Betrachtung erfolgt bereits in den Analysen zum Schema des allgemeinen Erziehungsbegriffs. Das nicht-genetische Erbe ist jedoch nicht nur der Gegenstand pädagogischer Tätigkeit, sondern zugleich auch einer außerpädagogischen Handlungsweise. Arbeit – als diese andere menschliche Tätigkeit – besteht in der Anwendung und Veränderung des nicht-genetischen Erbes. In den geschichtlich differenten Ausformungen des nicht-genetisches Erbes manifestieren sich epochale und regionale Unterschiedlichkeiten. Das nicht-genetische Erbe besitzt unter den Gegebenheiten der islamischen Türkei eine ganz andere Gestalt als unter den Bedingungen der westlichen, sich im Übergang vom Christentum zum Atheismus befindenden Industriestaaten. Die Wandelbarkeit der konkreten Erscheinungsform pädagogischer Sachverhalte stellt das zentrale Merkmal von Erziehungsfeldern dar. Somit ist der unmittelbare Zusammenhang zwischen Erziehungsfeld und drittem Faktor der Erziehung gewidmet. Das Erziehungsfeld enthält die jeweils konkret vorgegebene Ausgestaltung des dritten Faktors der Erziehung. Das nicht-genetische Erbe ist Gegenstand zweier menschlicher Tätigkeiten: Nach pädagogischen Gesichtspunkten untersucht, ist es der dritte Faktor der Erziehung. Dagegen wird es in der politischen Ökonomie als Gegenstand der „Arbeit" betrachtet. Dieses „Doppelter-Gegenstand-Sein" des nicht-genetischen Erbes gibt Anlass zu der Frage nach dem Verhältnis der beiden gesellschaftlichen Tätigkeiten Erziehung und Arbeit zueinander. Die dieser Frage vorausgehende Auffassung von einer grundlegenden Unterscheidbarkeit der beiden Tätigkeiten ist für die Allgemeine Pädagogik durchaus noch nicht selbstverständlich.

Der Versuch einer Ableitung der Tätigkeit „Erziehung" aus der Tätigkeit „Arbeit" wird noch immer von verschiedenen Autoren unternommen. Vielmehr ist aber doch von zwei grundlegend verschiedenen gesellschaftlichen Tätigkeiten auszugehen, ohne die ein Fortbestand des menschlichen Lebens nicht garantiert wäre: „Arbeit" als Teiltätigkeit der Schaffung und Veränderung des nicht-genetischen Erbes und „Erziehung" als Teiltätigkeit der Vermittlung und Aneignung des nicht-genetischen Erbes. Erst durch diese Voraussetzung des Unterschieds wird die Frage nach einem bestehenden Verhältnis zwischen den Tätigkeiten möglich. Die grundlegende Unterscheidbarkeit bedeutet jedoch nicht deren Unabhängigkeit voneinander. Erziehung ist von Arbeit abhängig, weil Erziehungsfelder als konkrete Gestaltungen des dritten Faktors weitestgehend das Reservat menschlich-gesellschaftlicher Arbeit sind. Arbeit ist aber auch von Erziehung abhängig. Denn Kulturen als historisch konkrete Ausgestaltungen des nicht-genetischen Erbes könnten weder existieren noch sich weiterentwickeln, wenn sie nicht zugleich

Erziehungsfelder darstellten. Als Erziehungsfelder sind Kulturen Gegenstand der anderen menschlich-gesellschaftlichen Grundtätigkeit, der Erziehung im Sinne der Vermittlung und Aneignung nicht-genetischer Tätigkeitsdispositionen. Das Verhältnis der beiden Grundtätigkeiten zueinander, hat somit eine dialektische Struktur. Die Komplexität dieser dialektischen Struktur lässt sich am Sachverhalt der professionalisierten Erziehung verdeutlichen. Ohne Zweifel ist für jene Gesellschaftsmitglieder, die ihren Lebensunterhalt durch Erziehungstätigkeit sichern, die Tätigkeit Erziehung zugleich die Tätigkeit der Arbeit. Die historisch älteste und am deutlichsten ausgeprägte Form professionellen Erziehens ist der Lehrerberuf. Erziehen als die Berufstätigkeit des professionellen Lehrers ist inhaltlich der gesellschaftlichen Tätigkeit der Erziehung und dem gesellschaftlichen Charakter nach der Tätigkeit Arbeit zuzuordnen. Auf diese Weise sind im Erziehungsbereich die beiden generell unterscheidbaren und im gesellschaftlichen Gesamtzusammenhang stark ausdifferenzierten Grundtätigkeiten Erziehung und Arbeit auf das Engste miteinander verflochten. Diese Verflochtenheit lässt theoretische Schwierigkeiten der Zuordnung entstehen, wenn die Organisation eines auf berufsmäßiger Lehrtätigkeit beruhenden Schulwesens zu untersuchen ist. Bestimmte Aspekte dieses Schulwesens sind nur unter größten Schwierigkeiten eindeutig einer jeweiligen Grundtätigkeit zuzuordnen.

§ 208

Konkretes erzieherisches Handeln ist immer durch vorgegebene gesellschaftliche Bedingungen beeinträchtigt. Praktische Erzieher verfallen darüber häufig in Resignation. Eine solche Haltung lässt sich nur vermeiden bzw. beseitigen durch Reflexion über die Möglichkeit konkreten pädagogischen Handelns unter feldspezifischen Bedingungen. Innerhalb einer Theorie des Erziehungsfeldes wird es deshalb erforderlich, das Verhältnis zu klären, in dem jene Sachverhalte stehen, die mit den Begriffen „Erziehungsfeld" und „Erziehungssituation" bezeichnet sind. Der Sachverhalt „Erziehungssituation" ist durch Doppeldeutigkeit gekennzeichnet. Zum einen repräsentiert er die Summe aller auf den Zögling hin geschehenden Einwirkungen, und zum anderen versinnbildlicht er die Summe aller möglichen Tätigkeitsorientierungen des Zöglings. Diese Doppeldeutigkeit, der Erziehungssituation sowohl Kausalität als auch Spontaneität zurechnen zu können, stellt die systematische Besonderheit dieses Begriffs dar. Erst dadurch erhält der geläufige und eigentlich absurde Grundgedanke der Erziehung, auf Freiheit einwirken zu können, ohne dass sie verloren geht, seine Berechtigung. Daneben ermöglicht diese Doppelseitigkeit des pädagogischen Situationsbegriffs, die auf den Zögling feldspezifisch geschehenden Einwirkungen zugleich als Material und Orientierungspunkte der Zöglings-Tätigkeit situativ zu behandeln. Auf Seiten des Erziehers wird dabei vorausgesetzt, dass er Feldstrukturen als situative Strukturen interpretieren kann. Eine solche Interpretation von Ausschnitten des Erziehungsfeldes als Erziehungssituation muss letztlich beim Erzieher ohne zusätzlichen gedanklichen Aufwand, gleichsam intuitiv stattfinden. Die Selbstverständlichkeit, mit der die Interpretation zu betreiben ist, entsteht allerdings erst langfristig aus Erfahrungen in der Praxis. Im Rahmen einer Präreflexion zukünftiger Praxis kann der Beitrag dazu nur darin bestehen, Regeln für diese Interpretation aufzuzeigen. Diese Interpretationsregeln werden im Folgenden in Form von Fragen dargestellt, die sich ein praktischer Erzieher zu stellen hat, um feldspezifische Bedingungen seines Erziehungshandelns für seine Tätigkeit nutzbar zu machen. Die nachfolgend dargestellten Leitfragen befinden sich auf konkreter, jedoch nicht auf individueller Ebene. Sie verfügen somit über eine nicht-individuelle Konkretheit. Fragen konkret-individueller Art dagegen sind nur dann behandelbar, wenn sie sich auf konkret-individuelle Problemstellungen beziehen. Aussagen über konkret-individuelle Sachverhalte können jedoch nicht der Gegenstand einer allgemeinen Theorie der Erziehung sein.

1. *Leitfrage:* Wie stellt sich die jeweils feldspezifische erzieherische Aufgabe? Aus den vorangegangenen erziehungslogischen Analysen ist bekannt, dass die Frage nach dem Erzieherverhalten nur behandelbar ist, wenn auch die Frage nach der Zöglingstätigkeit gestellt ist. Nach der feldspezifischen erzieherischen Aufgabe zu fragen, verlangt also, zugleich nach dem feldspezifischen Problem des Zöglings zu fragen. Erzieherische Aufgabe ist nichts anderes als die Einführung, Anleitung und Hilfestellung zur Problemlösung durch die Selbsttätigkeit des Zöglings. Folglich ist erst über eine Beantwortung der Frage danach, wie sich feldspezifische Bedingungen auf die Lösung jeweils gegebener Zöglingsprobleme auswirken, die feldspezifische erzieherische Aufgabe bestimmbar.

2. *Leitfrage:* Welche und wie geartete Erziehungsprozesse können aus der erzieherischen Aufgabe unter den gegebenen feldspezifischen Bedingungen entwickelt werden? Gegenstand dieser Leitfrage ist nicht (wie in der ersten) das Problem des Zöglings, sondern seine Tätigkeit, durch die er befähigt wird, sein Problem zu lösen. Aber auch die problemlösende Zöglingstätigkeit ist jeweils feldspezifisch bestimmt.

3. *Leitfrage:* Welche erzieherisch bedeutsamen feldbedingten Einwirkungen fördernder wie auch hindernder Art finden ohnehin statt? Diese Frage zielt nicht auf dem Zögling zugehöriges, sondern auf Prozesse, die weder vom Zögling noch durch den Erzieher ausgelöst werden, sondern durch Besonderheiten des Erziehungsfeldes. Der Erzieher muss wissen, was ohnehin „geschieht".

4. *Leitfrage:* Wie sind solche Einwirkungen bezüglich ihrer Organisierbarkeit generell zu beurteilen? Das Feststellen feldspezifisch bedingter ohnehin ablaufender Prozesse kann nicht genügen. Vielmehr ist eine nach pädagogischen

Überlegungen gestaltete Transformierbarkeit dieser Prozesse anzustreben. Eine Fragestellung nach einer organisierten Veränderung „naturwüchsiger" Prozesse ist nur behandelbar im Zusammenhang mit den Fragekomplexen über die Tätigkeitsformen des Zöglings und über die feldspezifische Gestalt der aktuellen Zöglingsprobleme (= 1. und 2. Leitfrage).

5. *Leitfrage:* Welche der vorgegebenen Feldbedingungen sind veränderbar? Diese Frage, die nicht mehr auf eine Organisierbarkeit feldbedingter Prozesse gerichtet ist, sondern auf eine Veränderbarkeit der Feldbedingungen selbst, lässt sich verdeutlichen an einem Beispiel aus dem Schulbereich: Feldbedingungen, die sich aus einer ungünstigen Konstellation des Lehrerkollegiums ergeben, sind, im Gegensatz zu solchen, die aus der Existenz oder Tätigkeit des Hausmeisters erwachsen, durch ein Gespräch mit dem Direktor in der Regel abänderbar. Eine Änderung kann auf zweifache Weise erzielt werden. Der eine Lösungsweg beruht darauf, die Feldbedingung selbst, soweit möglich, umzustrukturieren. Die zweite und pädagogisch interessantere Vorgehensweise besteht darin, die ungünstigen Feldbedingungen selbst zum Gegenstand der Zöglingstätigkeit zu machen, so dass die Änderung der Bedingungen als Resultat von Erziehungsprozessen. entsprechend Leitfrage 2. angesehen werden kann. Zu berücksichtigen ist im Zusammenhang mit dieser Leitfrage die Frage nach der Zeitdauer, die die Veränderung vorgegebener Feldbedingungen erfordert. Veränderungen von Feldbedingungen können das gesamte Zeitspektrum von äußerst kurzfristig bis extrem langwierig ausschöpfen. Bedingungsveränderungen, deren Zeitdauer die konkret vorhandene Erziehungszeit überschreiten würde, sind pädagogisch im Sinn dieser Leitfrage unbrauchbar.

6. *Leitfrage:* Wie rege ich an und wie regle ich die aufgabenbezogene Tätigkeit dieses einzelnen Zöglings? Gegenstand dieser Leitfrage ist die Reflexion des denkenden Erziehers über sich selbst und über einen konkreten und bestimmten Zögling. Diese Frage führt somit den Gedankengang von der konkret-nicht-individuellen Ebene auf die Ebene des Konkret-Individuellen. Es kann nicht die Absicht sein, im Rahmen einer Vorlesung das ganze Spektrum möglicher Regeln zur Interpretation von Erziehungsfeldern als pädagogische Situation darstellen zu wollen. In diesem Zusammenhang kann nur eine Auswahl von Leitfragen gegeben werden. Die Auswahl wurde getroffen nach den Kriterien der Wirklichkeit der Regel und der möglichen Nachvollziehbarkeit des theoretischen Hintergrunds der Regel. Letzteres Kriterium hat die Voraussetzung, dass diese Darstellung der Theorie der Erziehung gedanklich nachvollzogen wurde.

§ 209

Der Inhalt dieses Abschnitts ist die Beschäftigung mit der Möglichkeit, durch außerpädagogische Tätigkeiten günstige Feldbedingungen für die Erziehung herzustellen. Damit in einer Gesellschaft die bestmöglichen Bedingungen für das Gelingen von Erziehungsprozessen bestehen, reicht es nicht aus, zu versuchen ausschließlich die pädagogische Dimension optimal zu gestalten. Erziehungslogische Strukturen realisieren sich immer nur jeweils feldspezifisch determiniert. Gesellschaftssysteme können als Erziehungsfelder aber erzieherische Praxis fördern oder erschweren. Der Verweis, dass ein erziehungsfeindliches Gesellschaftssystem sich letztlich selbst schadet, ist in der Regel sinnlos, weil er ohne Wirkung bleibt. Ähnlich wirkungslos bleiben Versuche, ungünstige Erziehungsbedingungen allein dadurch zu verbessern, dass pädagogische Situationen besser genutzt und Erziehungsprozesse rationaler gestaltet werden, denn die Gesellschaft als ganze ist das umfassende Erziehungsfeld. Gesamtgesellschaftliche Veränderungen aber gehen nur äußerst selten von Erziehungsprozessen aus.

Besteht aus pädagogischen Gründen die Notwendigkeit der Veränderung von Feldbedingungen des Erziehens, so wird neben dem effektiven Nutzen der feldspezifisch vorgegebenen Möglichkeiten eine andere außerpädagogische Tätigkeit nötig. Das Ziel der Verbesserung des der Erziehung vorgegebenen Systems lässt sich nur durch politisches Handeln erreichen. Noch vor ungefähr 50 Jahren bestand der weitverbreitete, liebenswerte und gedanklich fruchtbare, jedoch grundsätzlich illusionäre Glaube, notwendige gesellschaftliche Veränderungen über Erziehung und Schule realisieren zu können. Vielmehr sind aber zur Verbesserung der Möglichkeit von Erziehung die Feldbedingungen der Erziehung durch politisches Handeln zu verändern. Die Veränderung der Feldbedingungen muss darin bestehen, diese so umzugestalten, dass sie besser als pädagogische Situationen interpretiert werden können. Interpretierbarkeit von Feldbedingungen als pädagogische Situationen stellt wie gesagt die Voraussetzung erfolgreichen praktischen Erziehungshandelns unter je aktuellen Verhältnissen dar. Je erziehungsgünstiger die Verhältnisse, desto besser kann Erziehung realisiert werden. Die Verhältnisse erziehungsgünstiger zu *machen*, ist jedoch keine pädagogische, sondern eine politische Aufgabe.[3]

---

3 Das von Wolfgang Sünkel autorisierte Scriptum schließt an dieser Stelle mit Literaturhinweisen auf andere Darstellungen der Allgemeinen Pädagogik:
Martinus Langeveld: Einführung in die theoretische Pädagogik. Ab 5. Auflage, Stuttgart: Klett 1965
Wilhelm Flitner: Allgemeine Pädagogik. Stuttgart: Klett 1950 und öfter (Ullstein-Taschenbuch Nr. 39005, 1980 u. ä.)
Wolfgang Ritzel: Pädagogik als praktische Wissenschaft. Heidelberg: Quelle & Meyer 1973
Theodor Ballauff: Systematische Pädagogik. Ab 3. Auflage, Heidelberg: Quelle & Meyer 1970
Hermann Röhrs: Allgemeine Erziehungswissenschaft. Weinheim: Beltz 1969

Der folgende Zusatz stammt aus der Hauptvorlesung aus dem Wintersemester 1995/96 von Wolfgang Sünkel. Er setzte sich damals explizit mit dem Fehlen einer Theorie des Erziehungsfeldes auseinander. Solange dieses Desiderat bestehe, sei eine besondere, kursorische Vorgehensweise geboten, die sich der Problematik des Feldes abwechselnd in begrifflich-logischen und historischen Zugängen annähert. Der Originaltext entstand als abschließende Zusammenfassung der Vorlesung für seine Hörer*innen. Er gibt neben einigen Aufschlüssen über die Feldtheorie zugleich tiefe Einblicke in die „Denkwerkstatt" von Wolfgang Sünkel, in der er vorab die Schwierigkeiten genauestens eruiert und skizziert, vor denen er mit seiner Systematik steht. In einem Gedicht von Heinrich Heine entdeckt der Liebhaber der Lyrik eine treffliche Beschreibung der überzogenen Systematisierung.

Zusatz: Systematik der Theorie des Erziehungsfeldes

A: Vorüberlegungen

a) Die im Scriptum *Theorie der Erziehung* verwendete Systematik der Feldtheorie ist eine *Darstellungssystematik* ohne eigenen theoretischen Rang. Sie lebt von Beispielen ohne streng begriffliche Durchführung. Sie ist in gegenständlicher Hinsicht unvollständig, weil der Aspekt des Erziehungsfelds als innerpädagogische Struktur noch nicht entwickelt war.

b) Anforderungen, die eine *theoretische Systematik* erfüllen muss, auch um sich von der Darstellungssystematik zu unterscheiden sind: 1) Vollständigkeit im Rahmen der gegenständlichen, aspektuellen und methodologischen Grenzen. Diese Forderung kann derzeit noch nicht erfüllt werden; *Systematisierung* als Erkenntnisweg: nur so ist Vollständigkeit überhaupt erreich- und nachweisbar. 2) Theorien bestehen aus *Begriffen* und *Aussagen*; die Begriffe müssen Realität enthalten, und die Aussagen müssen wahr sein. Die Aussagen beziehen sich entweder auf die Realität (theoretische Wahrheit) oder auf die Begriffe davon (metatheoretische Wahrheit) oder auf beides zugleich (mit der Gefahr von ‚Äquivokationen'). Bei den Gegenständen wissenschaftlichen Erkennens handelt es sich aber nicht bloß um Realität, sondern um *strukturierte Realität*. Deshalb kann ihre Abbildung in Begriffen und Aussagen nicht erschöpfend sein. Strukturaussagen sind zwar möglich, aber nur unter der Form metatheoretischer Aussagen. Gegenständliche Strukturzusammenhänge prinzipi-

Rudolf Lassahn: Grundriß einer Allgemeinen Pädagogik. Heidelberg: Quelle & Meyer 1977 (UTB 710)

Hans-Jochen Gamm: Allgemeine Pädagogik. Die Grundlagen von Erziehung und Bildung in der bürgerlichen Gesellschaft. Reinbek 1979 (rororo 726)

eller Art können daher *nur auf indirekte Weise* theoretisch abgebildet werden, indem man sie in der logischen Gestalt des Zusammenhangs der Begriffe und Aussagen ‚wiederholt'. Eine *theoretische Systematik* ist also dadurch charakterisiert, dass sie sich nicht auf die Mitteilung des Erkannten (in beliebiger oder in didaktischer Anordnung) beschränkt, sondern dass sie beansprucht, die Realität ihres Gegenstandes *der Struktur nach selbst abzubilden*.

Ein hoher Anspruch, heutzutage (jedenfalls in den nicht-strengen Wissenschaften) selten akzeptiert, noch seltener eingelöst. Invers: Bei der Interpretation von Autoren, mit hohem systematischem Anspruch darf dieser Sachverhalt nicht vernachlässigt werden – etwa bei Hegel.

Es ist keineswegs ausgemacht, dass alles, was hier unter dem Titel ‚**Zur** Theorie des Erziehungsfelds' entwickelt und vorgetragen worden ist, auch **in** die Theorie des Erziehungsfelds gehört. Begriffstheorie, Situationstheorie, Prozesstheorie und Feldtheorie haben ja keine verschiedenen Gegenstände, sondern nur einen: die Erziehung; sie unterscheiden sich *systematisch* nur durch die verschiedenen Aspekte der Betrachtung und Analyse. Deshalb kann der Versuch einer Systematisierung der Feldtheorie durchaus Konsequenzen für die übrigen Theorieteile nach sich ziehen und deren Systematisierung verändern, so dass die *Gesamtsystematik* der Allgemeinen Pädagogik dadurch ebenfalls thematisiert wird. So liegt es z. B. auf der Hand, dass die durch feldtheoretische Bemühungen ans Licht getretene Existenz der Protopädie auch für die Theorie des Erziehungsbegriffs relevant, also auch dort, im ersten Theorieteil, systematisch zu behandeln ist.

B: Grenzziehung

Letztgenannten Sachverhalt benutze ich zur exemplarischen Verdeutlichung des Grenzziehungsproblems und nähere mich ihm von der begriffstheoretischen Seite her. Der systematische Ort, von Protopädie zu reden, kann nicht früher liegen als *nach* Entfaltung, Darstellung und Schematisierung des *allgemeinen Erziehungsbegriffs*, der die Voraussetzungen auch des Protopädiebegriffs enthält; also erst gegen Ende dieses ersten Theorieteils. An dieser Stelle befinden sich derzeit noch die Variationen ‚Paulsen-Effekt' und ‚Klassengesellschaft', die dort nicht so recht hinpassen und – hinsichtlich der theoretischen Systematik schadlos – zu eliminieren sind. (Der ‚Paulsen-Effekt', als spezifisch unterrichtliches Phänomen, ist inzwischen in der der Systematik der theoretischen Didaktik gut aufgehoben; ‚Klassengesellschaft' gehört uneingeschränkt in die Feldtheorie). Protopädie dagegen ist ein allgemeines Phänomen – in doppelter Hinsicht: Erstens ist sie die ‚Ursuppe', aus der alles diskrete Erziehen entstanden ist, und zweitens ist sie immer noch gegenwärtig als ‚Hintergrundrauschen' allen Erziehens. Die Unterscheidung von protopädischen und pädeutischen Strukturen ist also ein notwendiger Gegenstand der Theorie des Erziehungsbegriffs. Ebenfalls notwendig ist, das Verhältnis beider als einen sowohl historischen als auch systematischen Zusammenhang zu bestimmen. Mehr allerdings ist nicht erforderlich und wäre zuviel. Denn die beziehungslogischen Strukturen der Situationstheorie und die zeitdifferenzlogischen Strukturen der Prozesstheorie können ausschließlich an pädeutischem Material erkannt, beschrieben und analysiert werden, während die näheren Bestimmungen der protopädischen Strukturen (z. B. der dort geschehenden typischen Formen der vermittelnden und aneignenden Tätigkeit) sowie die detaillierte Analyse ihres Verhältnisses zu den pädeutischen Strukturen allein und eindeutig in die Feldtheorie gehört.

C: Anordnung

Was die Systematisierung der Feldtheorie selbst angeht, so empfiehlt es sich (jedenfalls nach meiner gegenwärtigen Einsicht), die Unterscheidung sowohl als auch den Zusammenhang der beiden fundamentalen Aspekte des Erziehungsfeldes zum *systematischen Prinzip* zu nehmen, d. h. der Systematisierung zugrunde zu legen: nämlich seine Betrachtung als innerpädagogische und als außerpädagogische Struktur.

Die Reihenfolge, in der die beiden Aspekte behandelt werden müssen, ist keineswegs willkürlich festzulegen, sondern ergibt sich aus der Logik der Sache selbst: der innerpädagogische zuerst, weil er die Voraussetzungen und Fundamente des außerpädagogischen Aspekts enthält. Denn die außerpädagogischen Strukturen des Erziehungsfeldes können in ihrer Wirkweise nur vor dem Hintergrund seiner innerpädagogischen Strukturen hinreichend verstanden werden [,Kennen' vs. ,Verstehen'!] Zur Erläuterung dieses sachlich wie systematisch entscheidenden Zusammenhangs greife ich zurück auf das Phänomen der mit dem pädagogischen konkurrierenden und sie durchkreuzenden außerpädagogischen Rationalitätsmuster.

,Kennen' heißt hier: wissen, dass es dieses Phänomen gibt und wie sich das Verhältnis jeweils darstellt. Es kommt aber darauf an, das Phänomen zu ,verstehen', d. h. zu wissen, warum und auf welche Weise es zustande kommt, wieso es möglich ist und wie es gedacht werden kann. (So ist die gemessene Innentemperatur der Sonne erst dann ,verstanden', wenn man sie auf Kernfusionsprozesse zurückführen kann). Dass die pädagogische mit außerpädagogischen Rationalitäten konkurriert und komplexe Verhältnisse mit ihnen eingeht, setzt ja voraus, dass die Rationalitäten sich irgendwie und irgendwo sozusagen ,berühren'. Das kann aber nicht nur logisch gemeint sein. Die reale ,Berührung' liegt vielmehr auf der Ebene der jeweiligen ,Rationalitätsträger', also der herausdifferenzierten Teiltätigkeiten ein und desselben gesellschaftlichen Systems. Dass in einem System alle Subsysteme einander wechselseitig beeinflussen und modifizieren, ist zwar eine wahre, aber abstrakt-allgemeine Erklärung (und darum trivial) und reicht zum spezifischen Verstehen des Phänomens nicht aus (es können keine spezifischen Differenzierungen daraus entwickelt werden, die systematisch erforderlich wären). Die spezifische Erklärung dafür, dass pädagogische mit außerpädagogischen Rationalitäten in ein reales Verhältnis tritt, liegt darin, dass die außerpädagogischen Rationalitätsträger zugleich auch, innerpädagogisch betrachtet, *selber erziehen*, also protopädische Bestandteile des Erziehungsfeldes sind. Erst auf dieser Grundlage kann man sagen, dass die Rationalitätenkonkurrenz spezifisch pädagogisch *im Prinzip* verstanden ist. Erst dann entsteht auch die Möglichkeit der weiteren, detaillierten Analyse, also der theoretischen Systematisierung der spezifischen Verhältnisse, die noch aussteht.

C: Schlussbemerkung

a) Speziell. Die Feldtheorie und darüber hinaus die Allgemeine Pädagogik zu einer systematischen Gestalt weiterzuentwickeln, die sich mit der der Phänomenologie des Unterrichts vergleichen kann, erfordert noch viel Arbeit und wird erhebliche Mühe bereiten. Gleichwohl halte ich dieses Ziel für erreichbar und will mich ihm für den Rest meiner aktiven Dienstzeit widmen. Mehr als einen „Werkstattbericht" konnte diese Vorlesung nicht bieten.

b) Allgemein zur Systematik. Gefahren: 1. Übersystematisierung; 2. Systemzwang. Wie es in dem Gedicht von HEINRICH HEINE aus dem Jahreswechsel 1824/25 heißt:

„Zu fragmentarisch ist Welt und Leben!
Ich will mich zum deutschen Professor begeben,
Der weiß das Leben zusammenzusetzen,
Und er macht ein verständlich System daraus;
Mit seinen Nachtmützen und Schlafrockfetzen
Stopft er die Lücken des Weltenbaus."

Episode 10

Die Theorie der Erziehung nimmt unter feldtheoretischen Gesichtspunkten eine Zwischenstellung innerhalb der gesellschaftswissenschaftlichen Disziplinen ein, um die historisch gegebenen Bedingungen des Aufwachsens und die Notwendigkeiten auszuloten, die für Kinder und Jugendliche bestehen. Mit diesen Verhältnissen müssen die Heranwachsenden allerdings nicht nur in irgendeiner Weise zurechtkommen, sondern sie haben es auch sukzessive zu verstehen, selbst gestaltend einzugreifen. Politikwissenschaft, Philosophie, Ethik, Wirtschafts- und Sozialwissenschaften, Theologie, Jurisprudenz und Medizin liefern der Theorie der Erziehung in dieser Hinsicht zwar wichtige Anhaltspunkte und Einsichten in das Erziehungsfeld, die sowohl die Möglichkeiten als auch die Grenzen der Erziehung markieren. Aber sie können die pädagogische Perspektive nicht ersetzen. Der Zusammenschluss von individueller und gesellschaftlicher Entwicklung, wie er in Erziehung als Vermittlung und Aneignung nicht-genetischer Tätigkeitsdispositionen gefasst ist, begründet und rechtfertigt bis heute eine eigenständige Disziplin[4]. In dem Zusammenschluss lagen stets und liegen noch immer der besondere Reiz und die Versuchung, entweder gesellschaftliche Veränderungen und Stabilisierungen durch Erziehung oder mit Hilfe von Erziehung zu erreichen, einzuleiten und zu manifestieren, oder umgekehrt die gesellschaftlichen Einflussmöglichkeiten aus dem Erziehungsfeld möglichst gering zu halten, im Idealfall sogar ganz ausschalten zu können und eine möglichst weitgehende Autonomie für den Erziehungsbereich zu beanspruchen. Im Laufe der Geschichte des Fachs wurden die gegensätzlichen Positionen immer wieder vertreten und durch außerpädagogische Tätigkeit in politischen Programmen entsprechend praktisch umgesetzt. Spätestens mit Rousseaus Emile war die Idee einer pädagogischen Provinz geboren, die im Laufe der Jahrhunderte unterschiedliche Erscheinungsformen annahm, von den Philanthropinen, über Landerziehungsheime und Kolonien zu Kinderrepubliken, die unter verschiedenen reformpädagogischen, sozialistischen oder demokratischen Vorzeichen standen[5]. Die politische Subsumtion des Erziehungsfeldes erreichte seit Sparta ebenfalls in Ideologie und Wirklichkeit immer wieder mehr oder weniger totalitäre Erscheinungsformen von Staatser-

---

4   Damit sind die üblichen Vereinseitigungen, sowohl aus der Individualperspektive auf das Subjekt als auch im Blick auf Sozialisation und Sozialpädagogik zurückgewiesen und die fachliche Zuständigkeit der Erziehungswissenschaft für das Zusammenspiel von Individuum und Gesellschaft als eigener Gegenstand dieser Wissenschaft reklamiert. Der kollegiale Austausch mit Wolfgang Sünkel und anderen veranlasste mich zu dem Text „Erhalten oder Verbessern? Schleiermachers Gedanken zur gesellschaftlichen Dimension von Erziehung" In: Hopfner, Johanna (2001) (Hrsg.): Schleiermacher in der Pädagogik. Würzburg: Ergon, S. 85–96.

5   Vgl. dazu Lüpke, Friedemann (2004): Pädagogische Provinzen für verwahrloste Kinder und Jugendliche. Eine systematisch vergleichende Studie zu Problemstrukturen des offenen Anfangs der Erziehung. Die Beispiele Stans, Junior Republic und Gorki Kolonie. Würzburg: Ergon 2004.

ziehung, die Erziehung im Nationalsozialismus gilt nicht ohne Grund als Extremfall. Allerdings finden sich in gewissen Abständen im öffentlichen Diskurs immer wieder Klagen über Erziehungs*krisen*, Erziehungs*notstand* oder den Verlust von Autorität, die eine Unbrauchbarkeit der jungen Generation diagnostizieren angesichts wachsender gesellschaftspolitischer Ansprüche[6]. Die fachliche Diskussion gewann ihre ersten systematischen Impulse in den Schriften von Humboldt die „Gränzen der Wirksamkeit des Staates"[7] und Schleiermacher über „den Beruf des Staates zur Erziehung"[8]. Beide argumentieren mit verschiedenen Schwerpunkten, aber vor dem gleichen Hintergrund des entschiedenen Wissens um die Anfälligkeit des Erziehungsbereichs für gesellschaftspolitische Anmaßung, Überformung und Funktionalisierung der jüngeren Generation. Die Alternative zwischen behutsamen Reformen und revolutionärer Veränderung wurde für die Erziehung immer wieder variantenreich erwogen. Unübertroffen ist und bleiben in diesem Zusammenhang die Überlegungen von Friedrich Schleiermacher[9] zum Verhältnis von Erziehung und Gesellschaft. Für ihn stand bereits ganz im Sinne der oben genannten Leitfragen (vgl. § 208) fest, dass Erzieher*innen eine differenzierte und begründete gesellschafts- und zeitgeistkritische Position benötigen, die sie dosiert und dem Stand der Entwicklung ihrer Zöglinge entsprechend einzusetzen wissen. Schleiermacher geht so weit zu behaupten, diejenigen würden „am besten erziehen, die sich am meisten über das Unvollkommene der Zeit erhoben haben. Sie werden erziehen auf der einen Seite mit ihrer Anhänglichkeit an den Zustand, dem sie angehören"[10] (Schleiermacher 2008, S. 79). Es wäre nämlich verfehlt, in negativer Abgrenzung zum Bestehenden, lediglich mit dem

---

6 Über weltanschaulich ideologische Formen, die Erziehung in Beschlag zu nehmen für entsprechende Richtungsstreits zu sorgen finden sich in Episode 6 (Sünkel 2011, S. 105–110) bereits einige sehr wertvolle Hinweise.

7 Vgl. Humboldt, Wilhelm v. (1792) 1960: Ideen zu einem Versuch, die Gränzen der Wirksamkeit des Staates zu bestimmen. In: Ders.: Werke in fünf Bänden. Hrsg. von Andreas Flitner und Klaus Giel, Bd. 1 Schriften zur Anthropologie und Geschichte. Darmstadt: Wissenschaftliche Buchgesellschaft, S. 56–233.
Dort ist zu lesen: Die Aufsicht des Staates dürfe „niemals positiv den Eltern eine bestimmte Bildung und Erziehung der Kinder vorschreiben wollen" (ebd., S. 200). Sie sei immer nur „negativ dahin gerichtet [...] Eltern und Kinder gegenseitig in den, ihnen vom Gesez bestimmten Schranken zu erhalten" (ebd.).

8 Vgl. Schleiermacher, Friedrich (1814/2002): Über den Beruf des Staates zur Erziehung. In: KGA I/11 Akademievorträge. Hrsg. von Martin Rössler unter Mitwirkung von Lars Emersleben. Berlin, New York: de Gruyter, S. 125–146.

9 Auch aus diesem Grund findet sich im Anhang der ausgewählten Texte von Wolfgang Sünkel eine Seminararbeit zum Thema „Autonomie und Heteronomie der Erziehung in Schleiermachers Pädagogik" aus dem Jahr 1960, die damals bereits ein differenziertes und fundiertes Bewusstsein von den Antinomien und deren unfruchtbarer Entgegensetzung entwickelte.

10 Schleiermacher, Friedrich (2008): Pädagogik. Die Theorie der Erziehung von 1820/21 in einer Nachschrift. Herausgegeben von Christiane Ehrhardt und Wolfgang Virmond. Berlin, New York: de Gruyter

Ideal einer gesellschaftlichen Vollkommenheit zu operieren. Den gegenwärtigen Zustand und die Aufgaben zu ignorieren, die der jungen Generation daraus erwachsen, bedeutet den „einzelnen Menschen aus der Haltung seines Lebens herausnehmen und in ein chaotisches Allgemeines [zu] setzen" (ebd.), in dem er sich selbst überlassen bleibt.

Damit spricht sich Schleiermacher selbstverständlich nicht für eine umstandslose Anpassung an das Bestehende aus. Im Gegenteil, die Erzieher „werden auf der anderen Seite umso besser erziehen, als in ihnen eine bewusste Missbilligung des Unvollkommenen ihrer Lebensgemeinschaften ist." Allerdings gehen Erzieher*innen damit in Rücksicht auf die Gefahren der Entwurzelung der jungen Generation taktisch klug und nahezu subversiv um. Sie werden ihre Missbilligung „nicht sogleich mitteilen, sondern dasjenige unterdrücken, wodurch eben jene Missbilligung in ihnen hervorgebracht ist, und dasjenige entwickeln, wodurch jene [Missbilligung] fortgeräumt werden könnte" (ebd.). Die realistische Sicht auf die Grenzen einer rein pädagogisch motivierten gesellschaftlichen Veränderung und darauf, dass individuelle Unterschiede in der „Kraft der Freiheit" des einzelnen bestehen, „sich gegen diese Unvollkommenheiten" zu schützen, markiert den Punkt, an dem Erzieher*innen zwischen Erziehungsfeld und Erziehungssituation zu vermitteln haben. Deshalb ist Schleiermacher davon überzeugt, diese Kraft und auch der Mut sich dagegen zur Wehr zu setzen, entwickeln sich im Heranwachsenden stärker, wenn sie unterstützt werden, „durch die Erziehung von solchen, die sich über die Unvollkommenheiten erhoben haben, mehr als durch eine Erziehung mit blinder Liebe für das Gegebene" (ebd.). Die kritische Haltung zeichnet Pädagog*innen offenbar besonders aus, weil sie an der Schnittstelle zwischen Individuum und den Lebensgemeinschaften erziehend tätig sind und das Werden oder die Entwicklung der einzelnen unterstützen und befördern, aber offenbar auch behindern oder gar unterdrücken können. Die Schwierigkeit der pädagogischen Aufgabe bringt Schleiermacher deshalb direkt in Verbindung mit der Notwendigkeit, Erziehung als Wissenschaft zu betreiben: „Die Jugend soll gebildet werden für das Leben, aber nicht für die Unvollkommenheit. Man sieht, wie nötig es ist, dass die Erziehung in den Händen wissenschaftlicher Leute sei." (ebd., S. 155)

Ein anderer Epilog

§210

Erziehung aber auch das Nachdenken über Erziehung braucht Zeit, ganz besonders eines, das unter dem grundlagentheoretischen Anspruch steht, eine allgemeine Theorie der Erziehung zu liefern. Es „verbraucht *biographische* Zeit" (Sünkel 2025, §168) Es bedurfte fast ein halbes Leben, um von den anfänglichen Entwürfen zu dieser Theorie der Erziehung vom Anfang der 80er Jahre des 20. Jahrhunderts[11] zur Vorlage des gründlich durchdachten ersten Bandes über Erziehungsbegriff und Erziehungsverhältnis zu gelangen. Da das biographische Zeitmaß an natürliche Vorgänge gebunden ist, reichte ein ganzes Leben nicht hin, um das zu vollenden, was Wolfgang Sünkel durchgängig beschäftigte: der Wissenschaftscharakter der Pädagogik, der auf der Basis einer „logischen Deskription des Phänomens Erziehung" (Sünkel 2011, §5) aufruhen muss, um sich als eigenständige Disziplin nicht nur etablieren und behaupten zu können, sondern auch unverkennbar klare Analysen der vielfältigen pädagogischen Handlungsprobleme zu liefern und die eigenen Möglichkeiten und Grenzen realistisch einzuschätzen. Die Vorarbeiten für den zweiten Band über den Erziehungsprozess und das Erziehungsfeld sowie ein Konvolut mit, zum Teil handgeschriebenen, zum Teil im Typoskript vorliegenden Vortragstexten ließ mir dankenswerterweise seine Witwe Siggi Sünkel sieben Jahre nach seinem Tod zukommen. Und es dauerte noch einmal fast sieben Jahre, bis ich endlich den Mut fand, seine Gedanken in der nun vorliegenden Form zu veröffentlichen, teilweise im Original, teilweise ergänzt oder rekonstruiert aus Mitschriften von Vorlesungen und aus unseren gemeinsamen Gesprächen bei den „Katzentassen" (Eiermann-Trokič).

§211

Mut war gefragt, weil Wolfgang Sünkel noch zu jener Generation von Gelehrten gezählt werden muss, die sich nicht nur systematisch in dem Fach orientierten, das sie selbst zu vertreten hatten, sondern es zudem verstanden, vielfältige Verbindungen zwischen den einzelnen Disziplinen herzustellen, ohne das pädagogisch Wesentliche aus den Augen zu verlieren. So lebt die Theorie der Erziehung einerseits von einer strengen eigenen Systematik, andererseits greift Sünkel entweder explizit, viel häufiger allerdings implizit bestimmte Fragestellungen, Diskurse und Theorien aus dem Fach auf, um ihren Ort innerhalb der Systematik zu bestimmen. Zugleich klärt er solche Positionen vor dem Hintergrund der Theo-

---

11 Dazu vor allem jene autorisierte Mitschrift von Birzer, Edgar / Sommer, Christine: Scriptum zur Vorlesung von Professor Dr. Wolfgang Sünkel. Theorie der Erziehung. Abriss der Allgemeinen Pädagogik. Erlangen 1985.

rie über sich selbst auf und macht auf vorgängige, systematisch bedeutende Ansätze genauso aufmerksam wie auf wiederholt eingeschlagene Irrwege der Disziplin, samt ihrer interessierten Gründe. Das alles geschieht sozusagen en passant, oftmals in den Zusätzen zu einzelnen Paragraphen oder in den Episoden, die deutlicher skizzieren, wie der Autor in der Auseinandersetzung mit der Tradition zu seinen systematischen Einsichten gelangte. Aus diesem reichhaltigen Schatz historisch-systematischen Wissens konnte ich selbst zwar nicht durchgängig schöpfen. Aber ich hatte während der Zeit als Professorin für Allgemeine Pädagogik in Graz regelmäßig die Gelegenheit, mit den nächsten Generationen von Pädagog*innen in einen regen Gedankenaustausch über Inhalte und Bedeutung der theoretischen Pädagogik zu treten, ihnen Hilfestellungen bei der Lektüre der auf den ersten Blick so selbstverständlichen und eingängigen, dabei so dichten Texte zu geben und sie von den Handlungsproblemstruktur Analysen (HPSA) zu überzeugen.

§ 212

Dafür finden sich an vielen Stellen Hinweise auf das Zusammenspiel der einzelnen Theorieteile. Sie sind zwar sinnvoll und hilfreich, fordern aber zugleich klare Unterscheidungen, wenn man konkrete Phänomene genau einordnen und analysieren und nicht zuletzt das Phänomen Erziehung insgesamt begrifflich erfassen will. Erziehungsverhältnis, Erziehungsprozess und Erziehungsfeld sind wesentliche, vollkommen gleichwertige Grundaspekte, die dafür die theoretischen Richtungen vorgeben (Sünkel 2011, § 54, S. 66). Und weiter heißt es zu den modifizierenden Momenten von Erziehung, die durch ihre „feldspezifische Einbettung" zur Geltung kommen: „Man kann aber diese Modifikationen nur dann erkennen und beschreiben, wenn man sie isolieren kann, und das kann man nur, wenn man weiß, *was* da verunreinigt und modifiziert ist." (Sünkel 2011, § 55, S. 66). Deshalb „geht die binnenstrukturelle Analyse" von Erziehungsverhältnis, -situation und -prozess der „außenstrukturellen methodisch voraus" (ebd.). Die Binnenstrukturen gedanklich zu isolieren ist allerdings nicht gleichbedeutend mit einer Vernachlässigung der Außenstrukturen aus dem Erziehungsfeld. Im Gegenteil: besonders die Klärung der Einwirkungen kommt ohne außenstrukturelle Seitenblicke nicht aus. „Wirkliche Erziehung hat immer die ganze Welt des Lebens, in welcher der Zögling auf- und in die er hineinwächst, zur Grundlage und Voraussetzung" (Sünkel 2011, § 115, S. 127). Um im Zuge dieses Auf- und Hineinwachsens die neuralgischen Punkte der Möglichkeiten und Grenzen pädagogischer Einwirkung genauer zu erfassen, führte Wolfgang Sünkel eine begründete Korrektur der vorgängigen Unterscheidung zwischen „funktionaler und intentionaler Erziehung" durch, die pädagogische Strukturen, genauer: die vermittelte Aneignungstätigkeit auch dort sichtbar werden lässt, wo auf den ersten Blick angeblich keine Erziehung stattfindet, weil das eine oder das andere fehlt – die

Absicht oder die Funktion (vgl. Sünkel 2011, §§ 61–66, S. 73–77). Die Unterscheidung zwischen Protopädie und Pädeutik trägt dazu bei, die Situationen, in denen Aneignungstätigkeit geschieht, sehr viel differenzierter beschreiben und erfassen zu können (ebd., S. 78–82). In diesem Zusammenhang rücken Einwirkungen aus dem Erziehungsfeld und ihre besondere Art der Kausalität bereits ins Zentrum. Überhaupt findet das Erziehungsfeld an einigen Stellen bereits Erwähnung, obwohl es nicht unbedingt der Klärung von Erziehungsverhältnis und Erziehungsprozess dient, wenn die gesellschaftlichen Grundlagen ständig thematisiert werden. Für die Ausarbeitung des vierten Teiles der Theorie der Erziehung waren die Hinweise allerdings außerordentlich nützlich. Es lohnt sich, einige Punkte hier in loser Ordnung nochmals in Erinnerung zu bringen, bevor eine vorläufige Einschätzung der Theorie gewagt und ein Wunsch mit auf den Weg gegeben wird.

§213

Die soziale Einbettung des Phänomens Erziehung ist von Anfang an Thema. Im ersten Band finden sich außerdem beachtenswerte Beispiele, wie mit Anforderungen aus dem Erziehungsfeld pädagogisch angemessen, also gemäß den immanenten Strukturen der Erziehung umgegangen werden kann. Zusammenfassend lässt sich zunächst folgendes festhalten. Erziehung selbst ist eine gesellschaftliche Tätigkeit der beteiligten Subjekte, die individuell (Erzieher/ Zögling) oder kollektiv (Gesamterzieher/Gesamtzögling) das nicht-genetische Dispositionensystem vermitteln und aneignen. Die beiden Tätigkeiten Vermittlung und Aneignung sind aufeinander angewiesen und nur aufeinander bezogen im Zusammenwirken sinnvoll. Auf Basis der gelungenen vermittelten Aneignung nicht-genetischer Tätigkeitsdispositionen sind die kulturellen Tätigkeiten sachgemäß und erfolgreich auszuführen. Findet Erziehung nicht in diesem Sinne statt, verlieren sich die Tätigkeitsdispositionen, das in den Tätigkeiten inkarnierte Wissen, Können und die Motive sterben mit den Tätigkeiten aus. Die anthropologischen Grundkonstanten Sozialität und Kulturalität verweisen auf einen sozialen und arbeitsteiligen Zusammenhang, in dem die verschiedenen Tätigkeiten stehen. Auch diejenigen, die andere für sich arbeiten lassen, sind auf die Resultate aus der Arbeit der älteren Generation angewiesen. Die Kontinuität der kulturellen Entwicklung (der Produktivkräfte, der Veränderung der Umwelt, samt deren Erschließung für die menschlichen Bedürfnisse sowie deren Veränderung) lässt sich nur durch Erziehung sicherstellen. Das ist eine Tatsache und explizit keine Anforderung an die bzw. Aufgabe der Erziehung. Die Existenz von Erziehung zeigt oder beweist, dass die Gesellschaften das Problem – das die Mortalität für die Kulturen bedeutet – gelöst haben. Ein Problem, das mit den Kindern auf die Welt kommt, weil sie die nicht-genetischen Tätigkeitsdispositionen (noch) nicht beherrschen. Als 3. Faktor ist Kultur und sind damit die gesellschaftlich bestimmten und benötigten Tätigkeitsdispositionen in der Erziehung stets präsent. Der 3. Faktor ist *der* Gegenstand der vermittelten Aneignungstätigkeit.

§ 214

Neben diesem sich wechselseitig bedingenden positiven Verhältnis zwischen Erziehung und Erziehungsfeld (Kultur oder Gesellschaft) finden sich im ersten Band auch Hinweise auf systematische Grenzen und Widersprüche, die sich ebenfalls aus der sozialen Einbettung der Erziehung, besonders mit Blick auf die Zeitdifferenz- oder Prozessstrukturen ergeben. Grundsätzlich gilt: Die Einwirkungen auf die Aneignungstätigkeit lassen sich nur zu einem sehr geringen Teil durch die Erzieher*in selbst setzten. Der weitaus größere Teil stammt aus dem Erziehungsfeld und ist auch da nur zu einem geringen Teil überhaupt in irgendeiner Weise zu beeinflussen, ansonsten sind Einwirkungen in der übergroßen Mehrzahl schlicht und einfach hinzunehmen (vgl. Sünkel 2011, §§ 88–93, S. 97–101). Vor diesem Hintergrund gibt es dennoch aus dem sozialen Umfeld heraus oftmals Grund und Anlass zu Gegenwirkungen. Dem zu entsprechen ist allerdings ein äußerst widersprüchliches Unterfangen, denn das eigentliche Ziel – nämlich die Nichtaneignung einer Tätigkeitsdisposition – ist auf diesem Weg nicht zu erreichen. Zum einen, weil mit der Aneignung längst begonnen wurde. Es fällt also ganz in den Tätigkeitsbereich des aneignenden Subjekts, wenn die Gegenwirkung der Erzieher*in als Mittel der Wahl erscheint, um unerwünschte oder schädliche Verhaltensweisen zu unterbinden. Zum anderen gilt die scheinbar paradox anmutende, ursprünglich von Friedrich Schleiermacher stammende Einsicht, dass jede Gegenwirkung erst vollendet ist, wenn sie in unterstützende Handlungen mündet. Das Spektrum der unterstützenden Einwirkungsmöglichkeiten ist außerdem – allein schon aus dem erst genannten Grund – weitaus größer als die wenig aussichtsreichen Versuche, verhindern zu wollen, was ohnehin bereits geschieht. Ein weiterer Hinweis betrifft die Zeitspanne, in der die Aneignung stattfindet und die in der Regel nicht zielstrebig verläuft, sondern von Unsicherheiten, Übungsphasen, Rückschlägen, hinderlichen, schädlichen Einflüssen geprägt sein kann. Die Veränderungen des Dispositionensystems erfolgt dabei oftmals auch gleichzeitig auf unterschiedlichen Ebenen. Das ist zugleich der Grund dafür, warum es „keine Umerziehung [gibt]; es gibt nur Erziehung" (vgl. Sünkel 2011, S. 114).

Schließlich sei noch einmal daran zu erinnern, wie schwer es fällt, die mit Abstand am umfangreichsten protopädischen Einwirkungsformen aus dem Erziehungsfeld als solche zu erkennen. Zum einen, weil sie stets mit anderen Tätigkeiten verwoben sind und zum anderen, weil sie Veränderungen im Dispositionengefüge hervorbringen können, die zeitlich rasch wechseln und nicht vorhersehbar sind (ebd., S. 118). Während sich die protopädischen Einwirkungsformen zwar typisieren lassen, in mimetische, systemische, symbolische Aneignung und Vermittlung durch Erwartung und Sanktion, ist für die pädeutischen Einwirkungsformen keine Systematisierung möglich. Denn prinzipiell sind hier „*alle* Formen der menschlichen Kommunikation" geeignet, auf die Aneignungstätigkeit modifizierend zu wirken (ebd., S. 119). Allerdings sind dabei in jedem Falle die konkreten „historischen, institutionellen und situativen Umstände" (ebd.) zu berücksichtigen. Angesichts dieser Fülle von Einwirkungsmöglichkeiten, ist es zweifellos eine der größten Herausforderungen für die Erzieher*innen, die konkrete Situation als strukturierte und zu strukturierende wahrzunehmen, einzuschätzen und die vermittelnde Tätigkeit konzeptionell auf die Aneignungstätigkeit abzustimmen (ebd., S. 144).

§ 215

Das Ende der Erziehung lässt sich intern – getrennt von gesellschaftlichen oder juristischen Festlegungen – nur im Rückgriff auf den 3. Faktor bestimmen. Die Übereinstimmung zwischen dem individuell ausgeprägten Tätigkeitsdispositionsgefüge mit dem gesellschaftlichen Dispositionssystem liefert zwar einen wesentlichen Anhaltspunkt, aber noch keine hinreichende Bestimmung. Nimmt man die Tatsache ernst, dass die kulturellen Evolutionsprozesse gerade „keine finale Ausrichtung besitzen" (Sünkel 2025, § 180, S. 25), dann mag die ältere Generation zwar mit ihrer Arbeit die materiellen Lebensverhältnisse und damit auch den 3. Faktor verändern, aber das ist weder gleichbedeutend mit einer Verbesserung noch eine Sicherheit bzw. Garantie, dass die Lebensumstände so bleiben oder bleiben müssen. Am Ende der Erziehung gestaltet die jüngere Generation ihre Zukunft selbst. Was und ob sie mit den angeeigneten Tätigkeitsdispositionen etwas anfangen kann, ist letztlich ganz und gar ihre Tat. Erziehung mag zwar Hürden auf dem Weg in die Zukunft für die Heranwachsenden beseitigen, aber nur auf ihre Weise, als vermittelte Aneignung der nichtgenetischen Tätigkeitsdispositonen, die sie brauchen werden. Die Richtung bestimmt die jüngere Generation selbst. Emanzipation durch Erziehung ist und bleibt ein Widerspruch in sich: keine Generation kann emanzipiert werden. Befreien müssen sich die Menschen schon selbst, genauso gilt umgekehrt, die Unterwerfung unter unvollkommene Verhältnisse ist ebenfalls ihre freiwillige Tat[12]. Weil das so ist und „man die wissenschaftliche Deskription der Erziehung mit geschichtsphilosophischen Zusatzgedanken besser nicht belastet" (Sünkel 2025, § 180, S. 24), lässt sich nur so viel festhalten: Die konkrete Gestalt der Zukunft bleibt offen.

---

[12] Wie vertrackt diese Verhältnisse sein können, mit welchen offen oder subtil wirksamen Unterwerfungstechniken da – auch auf dem Erziehungsfeld – gearbeitet werden kann, ist bei Armin Bernhard nachzulesen. In: Ders. (2021): Die inneren Besatzungsmächte. Fragmente einer Theorie der Knechtschaft. Weinheim, Basel: Beltz Juventa.

Eine (vorläufig) letzte Episode[13]

Nicht ohne Grund hält Wolfgang Sünkel im § 208 fest: „Konkretes erzieherisches Handeln ist immer durch vorgegebene gesellschaftliche Bedingungen beeinträchtigt. Praktische Erzieher verfallen darüber häufig in Resignation. Eine solche Haltung lässt sich nur vermeiden bzw. beseitigen durch Reflexion über die Möglichkeit konkreten pädagogischen Handelns unter feldspezifischen Bedingungen." Für diese resignative Haltung und zugleich für ihre Vermeidung, wenn auch nicht für ihre gänzliche Beseitigung durch Reflexion gibt es zwei prominente historische Beispiele. Vor dem Hintergrund der nunmehr vollständig vorliegenden Theorie der Erziehung fällt vermutlich auch ein etwas anderes Licht auf die Intentionen der beiden Fachvertreter.

Jean-Jacques Rousseau argumentiert in „Abhandlung über die Ursachen und Grundlagen der Ungleichheit unter den Menschen"[14] entschieden gegen das Privateigentum und setzt sich ideologiekritisch mit den Ursachen auseinander, die für ihn keineswegs in der von Hobbes so genannten „Wolfsnatur" des Menschen, sondern vielmehr in gesellschaftlichen Verhältnissen der Menschen begründet sind, die ihren natürlichen Regungen widerstreben. Eine berühmte Stelle lautet:

> „Der erste, der ein Stück Erde umzäunt hatte und sich anmaßte zu sagen: ‚Dies gehört mir!' und der Leute fand, die einfältig genug waren, es ihm zu glauben, war der wahre Gründer der bürgerlichen Gesellschaft. Wie viele Verbrechen, Kriege und Morde, wieviel Elend und Schrecken hätte derjenige dem Menschengeschlecht erspart, der die Pfähle herausgerissen oder die Gräben zugeschüttet und seinesgleichen zugerufen hätte: ‚Hütet euch, diesem Betrüger zuzuhören. Ihr seid verloren, wenn ihr vergeßt, daß die Früchte allen und die Erde keinem gehört'" (Rousseau 1755/1993, S. 172).

Rousseau bekennt sich dazu, nicht zu wissen, wie dieser Übergang vom Naturzustand zum gesellschaftlichen konkret abgelaufen sein mag. Er bekennt sich zur Fiktion eines Naturzustandes, der nirgendwo jemals so existiert hat und auch keinen Ort auf der Welt kennt. Da die Gattung Mensch sich wesentlich durch das Merkmal der Sozialität auszeichnet, kann letztlich niemand den Gegenbeweis antreten, weil dies entweder Projektionen und Verlagerungen von gesellschaftlich

---

13 Diese Episode verwendet Versatzstücke aus einem früheren Beitrag, der in der von Claudia Stöckl und mir herausgegebenen Reihe „Erziehung in Wissenschaft und Praxis" erschienen ist, aus: Hopfner, Johanna (2020) Education and Utopias. In: Vincze, Beatrix/Kempf, Katalin/Németh, András (Hrsg.): Hidden Stories – the Life Reform Movements and Art. Frankfurt am Main: Peter Lang. 2020. 121–145.

14 Rousseau, Jean-Jaques (1755/1993): Zweite Preisschrift über die Ursachen und die Grundlagen der Ungleichheit unter den Menschen [1755]. In: Reble, Albert (1993): Geschichte der Pädagogik. Dokumentationsband. Stuttgart: Klett Cotta S. 170–176.

existenten Zuständen in die Menschennatur sind – wie im Falle von Hobbes und vielen anderen nach ihm – oder es handelt sich um Versuche der Rekonstruktion auf der Basis von spärlichen überlieferten Quellen, die – wenn überhaupt – nur spekulative Aussagen über ein Leben der Menschen im sogenannten Naturzustand erlauben.

Rousseau variiert im Gesellschaftsvertrag seine Überlegungen zu einer gesellschaftlichen Verfassung, die der Freiheit der einzelnen entgegenkommt. Auch dort zeigt er betrügerische Listen und Schwächen auf, die in bürgerlichen Herrschaftsverhältnissen unterstellt sein können und sich sogar kongenial ergänzen, jedoch oftmals einseitig zum Nutzen und Vorteil der Herrschenden. Aus diesem Zustand können sich die Menschen nur selbst befreien. Der einseitige Nutzen ist für Rousseau allerdings zugleich der Grund, einen solchen Gesellschaftsvertrag zu lösen bzw. zu kündigen. Rousseau bekennt sich sowohl was die soziale Verfassung von Gesellschaften als auch was Reformen im Bereich der Erziehung angeht, offensiv zum utopischen Gehalt seiner Gedanken. Er verlässt sich dabei – ganz im Sinne der Aufklärung – auf das theoretische und praktische Urteilsvermögen seiner Leser*innen und überlässt es ihnen auch vollkommen, den eigenen vernünftigen Einsichten gemäß, entsprechende Taten folgen zu lassen. Die „Gefahren", die in der aufgeklärten Vernunft für die Herrschenden liegen, erkannten Kirche und Staat 1762 jedenfalls gleich unmittelbar und zögerten keinen Augenblick, seine Bücher zu verbieten oder zu verbrennen. Der Gesellschaftsvertrag und Emile erschienen bekanntlich im selben Jahr. Bis heute lag und liegt es offenbar stets näher, dem Autor entweder selbst Unglaubwürdigkeit nachzuweisen oder manipulative Absichten zu unterstellen oder ihm jene Barbareien der französischen Revolutionäre anzurechnen, die diese im Namen „der Vernunft" begingen, als sich von seinen Gedanken und Ideen, sowie von den bereits von ihm selbst eingestandenen Grenzen ihrer Wirksamkeit zu überzeugen.

Die ideale Vorstellung von Erziehung, auf die sich in der Folge alle aufgeklärten und reformpädagogischen Konzepte in der einen oder anderen Weise beziehen, hat Rousseau in seinem Erziehungsroman „Emile oder Über die Erziehung" 1762 vorgelegt[15]. Im Vorwort bekannte sich Rousseau explizit zu dem utopischen Charakter, was allerdings nicht immer so zur Kenntnis genommen wurde. Sein Emile wurde weniger als Anregung zum Nachdenken über Erziehung, sondern vielmehr als Anleitung gelesen, eine naturgemäße Erziehung zu gestalten, auch wenn die gesellschaftlichen Verhältnisse für solche Ideen gerade keinen Spielraum ließen.

Rousseau spricht selbstbewusst und wissend einen grundlegenden Einwand gegen seinen Roman Emile an, der in systematischer Hinsicht „nichts anderes als den Gang der Natur" darstellen soll. Damit mache er sich angreifbar und er wur-

---

15 Rousseau Jean-Jaques (1762/1963): Emile oder Über die Erziehung [1762], hrsg. v. Martin Rang. Stuttgart: Reclam.

de tatsächlich auch genauso angegriffen. Man wird sicher, stellt er nüchtern fest: „weniger eine Abhandlung über Erziehung zu lesen meinen, als die Träumereien eines Phantasten in Sachen Erziehung" (vgl. Rousseau 1762/1963, S. 102 f.). An diesem Eindruck könne er aber ohnehin nichts ändern, daher die rhetorische Frage: „kann ich mir denn selbst andere Augen und die Gedanken anderer geben?" (ebd.). Weiter im Klartext bekennt er sich dazu, auch gar nichts an diesem Eindruck ändern zu wollen, schließlich gehe es ihm darum, andere – utopische, (noch) nicht realisierte – Wege der Erziehung aufzuzeigen und sie sich nicht mit dem Hinweis auf die mangelnde Realisierbarkeit gleich von vorneherein zu verbieten. Der Realitätssinn kann äußerst penetrant sein und ist weit entfernt von dem Wagnis, die pädagogischen Maßnahmen auf genaue Beobachtungen des Einzelfalles zu stützen[16]. Dies spricht Rousseau präzise an, deswegen heißt es im Vorwort:

> „Man hört nicht auf, mir zu wiederholen: Schlagen Sie vor, was durchführbar ist. Das ist, als ob man mir sagte: Schlagen Sie das vor, was man schon tut, oder zumindest irgendetwas Richtiges, was sich mit dem bestehenden Unecht verbinden läßt. Ein solches Verfahren wäre, was gewisse Dinge betrifft, noch irrealer als das meine. Denn bei dieser Verbindung verdirbt das Gute, und das Schlechte bleibt ungeheilt. Lieber in allem der herrschenden Praxis folgen, als eine bessere nur halb durchführen, denn dabei entstünden weniger Widersprüche im Menschen. Er kann nicht zwei einander entgegengesetzte Ziele verfolgen" (Rousseau 1762/1963, S. 104).

Damit beansprucht Rousseau zunächst nur, dass sich die Leser*innen auf die sachliche Ebene seines Gedankenexperiments begeben und sich von der Richtigkeit seiner anthropologischen Argumente die Erziehung des Menschen betreffend überzeugen. Er zieht damit eine klare Trennungslinie zwischen seinem utopischen Entwurf einer Erziehung die „dem Wesen des Menschen entspricht und dem menschlichen Herzen angemessen ist" (ebd.) und den gegebenen gesellschaftlichen und staatlichen Verhältnissen, die der Ausführung seines Plans entgegenstehen oder sie unter Umständen sogar befördern, erleichtern oder unterstützen mögen. Die konkrete Umsetzung und Ausführung sind im Emile weder sein Thema noch sein Anliegen. Er will keine pädagogischen Ratschläge oder Handlungsanweisung geben und plädiert auch nicht dafür, einen ganz neuen Menschen zu erzeugen. Dahingehend wurde Rousseau in der Folge immer wieder missverstanden und vereinnahmt. Seit den Philanthropen hat man sich auf ihn berufen, um diverse reformpädagogische Projekte als Verwirklichung einer „natürlichen" Erziehung darzustellen, die mit den gesellschaftlichen Ansprüchen in Einklang zu bringen sei. Für Rousseau selbst stand fest, dass die Ausführung seines Planes von „tausenderlei Umständen" abhängt, „die unmöglich

---

16 In den Worten der Theorie der Erziehung: seine Handlungsproblemstrukturanalysen (HPSA).

anders zu bestimmen" seien „als durch die Anwendung der Methode auf dieses oder jenes Land, auf diese oder jene Verhältnisse" (ebd.). Getrennt von seiner Erziehungsutopie formuliert er deshalb im Gesellschaftsvertrag seine radikale Gesellschaftskritik. Im Emile finden sich lediglich Hinweise auf jene widersprüchlichen sozialen Verhältnisse, die offenbar gewollt oder geduldet sind und zugleich die Erziehungsvorstellungen konterkarieren oder sogar unterminieren, die den heranwachsenden Menschen guttun. Es ist m. E. überhaupt kein Zufall, dass beide Schriften im selben Jahr erschienen. Jede steht bei Rousseau sowohl für sich selbst als auch in einem engen Zusammenhang zur anderen. Die Sache der Erwachsenen ist es, sich über ihre eigenen gesellschaftlichen Zusammenhänge und damit auch über die konkreten Bedingungen der Durchführbarkeit einer „naturgemäßen" Erziehung der Kinder Klarheit zu verschaffen. Sie sind in der Lage, die sozialen Verhältnisse praktisch anders zu gestalten, sie können sich anders entscheiden oder den Kindern genau dieselben Widersprüche zumuten, in die sich die Erwachsenen im Verzicht auf eine kritische Auseinandersetzung mit den bestehenden Verhältnissen selbst mehr als verstrickt haben. Rousseau drückt diesen Sachverhalt und damit die Grenzen der praktischen Durchführbarkeit seines Plans deutlich im Blick auf die Eltern aus: „Väter und Mütter, das was durchführbar ist, ist das, was ihr wollt. Bin ich für euren Willen verantwortlich?" (ebd.). Er unterstellt ihnen also einerseits potenzielle Mündigkeit und Urteilsfähigkeit und ist sich andererseits auch bewusst, beides lässt sich nicht erzeugen, sondern nur mit utopischen Gedanken gezielt zum Urteilen und Handeln über und in der Realität herausfordern. Darin besteht die grundlegende pädagogische Paradoxie. Die Übereinstimmung der Ziele und Wege muss zuerst theoretisch und anschließend praktisch gegeben sein, sonst untergraben die Methoden das ursprüngliche ideale und gut gemeinte Ziel und das „Schlechte bleibt ungeheilt" (Rousseau 1762/1963, S. 104). Es ist ein Kennzeichen all der reformpädagogischen Versuche, diesen Unterschied, der mitunter in einen Gegensatz gerät, zwischen idealer, naturgemäßer Erziehung und gesellschaftlich festgefügten Bedingungen ihrer Realisierung, nicht in der Weise ernst genommen zu haben, wie Rousseau dies vorgeschlagen hat. Angefangen von den Philanthropen bis zu den reformpädagogischen Projekten des 20. Jahrhunderts, berief man sich zwar stets auf Rousseau, wenn man Kindheit und Utopie umstandslos zusammenschloss[17]. Ohne die in der Gesellschaft tatsächlich gegebenen Realisierungsbedingungen selbst kritisch zu reflektieren wird Kindheit per se zur konkret erlebbaren Utopie – zum verlorenen Ort der Sehnsucht, in die sich Erwachsene flüchten, indem sie das noch unschuldige, unverbildete und welt- und ergebnisoffene Kind und seine Möglichkeiten verklären oder mystifizieren. Das Kind, seine Kreativität und Spontaneität werden zu Garanten für eine bessere Zukunft. Der Verzicht

---

17 Vgl. Harten, Hans-Christian (2004) : Utopie. In: Benner, Dieter/Oelkers, Jürgen (Hrsg.): Historisches Wörterbuch der Pädagogik. Weinheim, Basel: Beltz, S. 1071–1090.

auf gesellschaftstheoretische Reflexion und Gesellschaftskritik führt zu übersteigerten Erwartungen an „das Kind als Heilsbringer" und mündet einerseits in durchaus begrüßenswerte Versuche einer kindgerechten Gestaltung der Orte, an denen Kinder aufwachsen können. Andererseits werden die Heranwachsenden regelmäßig und gleichzeitig mit einem widersprüchlichen Auftrag versehen und befasst. Kindern soll gelingen, woran Erwachsene scheitern. Sie sollen die Unvollkommenheiten der sozialen Verhältnisse überwinden, an denen die erwachsene Generation doch gerade selber verzweifelt und trotzdem noch festhält. So münden Erziehungsideale konsequent immer wieder in heillose Überforderungen der Kinder, auf sie wartet nämlich, kaum sind sie der scheinbar heilen Welt der Kindheit entwachsen, der sogenannte „Ernst des Lebens" – also alle Härten, die mit dem Leben in der bürgerlichen Gesellschaft verbunden sind, die den dauernden Nährboden für jene Verklärungen und Mystifizierungen von Kindheit abgeben.

Zu allen Zeiten gab es Kritik an den Versuchen, den neuen Menschen durch Erziehung zu schaffen, an Platon, Fichte und den sozialistischen Konzepten. Die Überhöhung und Überforderung der Kindheit, die Beschlagnahmung von Kindern und Eltern für beliebige gesellschaftspolitische Ziele, deren totalitärer Charakter sich im Nachhinein herausstellte, wurde ebenfalls erst im Nachhinein kritisch betrachtet. Gegenwärtig herrscht im Blick auf reformpädagogische Konzepte eine Stimmung vor, die scheinbar von einem puren Realitätssinn getragen ist und in geradezu überschwänglicher Weise sämtlichen reformpädagogischen Versuchen ein grundsätzliches Scheitern attestiert, nach dem Muster, man habe doch gesehen, wohin solche utopischen Vorstellungen führen. Da lohnt es sich, einige Gedanken von dem zweiten Vertreter des Faches *Siegfried Bernfeld* in Erinnerung zu bringen, der 1925 eine ganz ähnliche Auseinandersetzung vor Augen führte, als es darum ging die „Grenzen der Erziehung" zu bestimmen[18]. Es kommt nach Bernfeld zunächst einmal darauf an, die Einwände und Positionen zu klären, von denen aus argumentiert wird. Am Beispiel des damaligen Unterrichtsminister v. Wydenbruch, den Berta v. Mahrenholtz-Bülow 1850 für die Idee von Fröbels Kindergarten gewinnen wollte, entwickelt Bernfeld eine beachtenswerte Argumentation zum Verhältnis von Erziehung und Utopie. Für einen Bildungspolitiker wie v. Wydenbruch standen die Zweifel an den pädagogischen Methoden, die Menschen größere „Freiheit der eigenen Entfaltung" geben sollten, von Anfang an fest, er „glaube nicht, daß Fröbels Methode" zu diesem Ziel führen könne. Denn – so argumentiert der Politiker realistisch: „die Menschen werden immer Menschen bleiben, das heißt unvollkommene Wesen" (vgl. Wydenbruch zit. n. Bernfeld 1925, S. 7) Der Minister versichert zwar seine Bereitschaft, „zu gegebener Zeit ..., das Mögliche zur Förderung der Methode zu tun", wird aber im selben Atemzug ge-

---

18 Bernfeld, Siegfried (1925/1968): Sisyphos oder die Grenzen der Erziehung. Raubdruck – antiautoritäre Erziehung

ständig, worauf es ihm primär ankommt „vorerst müsse aber Ruhe und Ordnung in den Staaten geschaffen sein" (ders. ebd.).

Angesichts solcher gesellschaftspolitisch klaren Ordnungsvorstellungen und Erwartungen an die Pädagogik steht sie offenbar immer gleich in dem „Verdacht, ungeheuren Aufwand an Kraft, Zeit, Geld, an Kinderglück und Elternsorge sinnlos zu vertun." (Bernfeld 1925, S. 11 f.). Diesen Realismus nimmt Bernfeld sehr ernst und wendet ihn (selbst-)kritisch auch gegen die Pädagogik, wenn er mutmaßend konstatiert: „Die Möglichkeit zeigt sich an: die Pädagogik verhindert vielleicht die Zukunft, die sie verspricht. Diese Möglichkeit enthält einen schweren Vorwurf gegen die Pädagogik." Aber er zeigt auch einen Weg auf, wie sie sich von diesem Vorwurf selbst befreien kann. Es liege im Interesse der Pädagogik selbst, „die Untersuchung sehr streng" zu führen (ebd.). Denn die „Frage, welches die Grenzen der Erziehung sind, ob die Fröbels, ob die Wydenbruchs recht haben, ist aber eine wissenschaftliche, kann nur wissenschaftlich entschieden werden." (Bernfeld 1925, S. 13). Den einen gehen die pädagogischen Wunschvorstellungen zu weit, den anderen nicht weit genug. Wo die Grenzen tatsächlich liegen, ist „eine Frage des Tatbestandes, von allen Zielen, Wünschen und Absichten unabhängig" (ebd.). Der Pädagogik fehle es fast allein an der „Tatbestands-Gesinnung der Wissenschaftlichkeit" im Unterschied zu anderen „gesellschaftlichen, kulturellen Tätigkeiten". So wie es der Medizin gelungen sei, Heilkunst und Heilwissenschaft zu verbinden, gab es auch in der Pädagogik immer wieder beispielhafte Leistungen einzelner, die sachgemäße Methoden für die intendierten Ziele zu entwickeln. So habe beispielsweise Comenius mit seinem orbis pictus dem Bilderbuch der Welt einen Durchbruch erzielt. „Millionen Lehrer, Mütter, Menschen, verwendeten es anstatt des vorher Üblichen" (Bernfeld 1925, S. 16). Vorausgesetzt ist dabei lediglich der tätige „Mut, sich von einer hergebrachten Anschauung zu befreien, und die Phantasie, ein Neues zu denken". Die vorhergehende Anschauung „von der er sich befreit hat, muß unzweckmäßig gewesen sein, die neue, die er erdachte, muß sich als zweckmäßig bewähren" (Bernfeld 1925, S. 16). Für Bernfeld steht also fest, nur auf diesem wissenschaftlichen Weg lässt sich klären, ob eine Methode dem Ziel und ein Ziel der Methode angemessen ist. Von der Wissenschaftlichkeit ist die Pädagogik jedoch bis heute anscheinend noch immer weit entfernt. Vielleicht auch deshalb, weil sie einen Realismus pflegt, der in empirischen Daten und Studien besteht, der sich bildungspolitisch verwerten und einpassen lässt und getrennt davon ein ideales Menschenbild kultiviert, das sich regelmäßig an den harten Realitäten blamiert, obwohl es nur aus ihnen gewonnen werden kann.

Utopie und Realismus bedingen sich wechselseitig, sie kommen nur durch die Taten des kreativen Geistes in die Welt, überwinden das Hergebrachte nur praktisch und beweisen darüber ihren rational begründbaren und lebbaren Realitätsgehalt. Neues entsteht aus dem Alten und überwindet damit auch die Vorstellungen, Gedanken und Erklärungen, die mit dem Alten verbunden waren. Veränderrung braucht Ideen und Utopien, um Realität zu werden, aber praktisch werden die Ideen nicht von selbst, sondern nur durch den aufgeklärten, wissenschaftlich begründeten Willen zu tätiger Veränderung. In diesem Sinn ist es gewiss reiner Zufall, dass Bernfelds Sisyphos mit seinem Plädoyer für eine wissenschaftliche „Tatbestands-Gesinnung" just im selben Jahr sein 100jähriges Jubiläum feiern kann, in dem die Theorie der Erziehung von Wolfgang Sünkel erscheint – aber ein schöner Zufall ist es auch.

Anhang

Die Auswahl, der im Anhang erstmals zugänglichen Texte, gliedert sich in zwei Teile: *Erstens* finden sich Vorträge, die zentrale Gedanken aus der Theorie der Erziehung in nuce präsentieren und mit anschaulichen Beispielen, rhetorisch überzeugend aufbauenden Argumentationen zum tieferen Verständnis beitragen. Zugleich geben die Vorträge bereits interessante Einblicke in die Genese der Theorie. Diese Eindrücke werden *zweitens* verstärkt durch die Referate bzw. Seminararbeiten, die während des Pädagogikstudiums in Münster entstanden.

I. Fragmente der Theorie der Erziehung in Vorträgen

Mit der Frage *Ist die Jugend heute anders?* leitete Wolfgang Sünkel einen Vortrag ein, den er 1967 am Pestalozzi-Gymnasium in Unna (Westf.) auf Einladung der Elternpflegschaft gehalten hat. Er ist zu diesem Zeitpunkt selbst Anfang 30 und zählt sich zur erwachsenen Generation, dabei hat er die politischen Auseinandersetzungen mit der Vätergeneration vor Augen, die mindestens eine zweifelhafte, oftmals eine aktive Rolle in Nationalsozialismus eingenommen hatten. Dagegen ging die Generation der 68er nicht nur auf Distanz zu den Eltern, sondern entfaltete gezielt und provokativ alternative Lebensmodelle. In dem Vortrag wird die doppelte Bestimmung der erwachsenen Generation als arbeitender und vermittelnder deutlich. Darüber hinaus lassen sich prozesstheoretische Grundeinsichten greifbar machen und systematisch einordnen. Sünkel formuliert in Anlehnung an Schleiermacher die Generationen-Frage, indem er fragt, was Erwachsene eigentlich wollen, wenn sie die Jugend erziehen. Und er fasst deutlich die Grenzen der Erziehung ins Auge, wenn er das angestrebte Ziel der Anpassung so charakterisiert: „Dieser Mensch ist ein verkürzter Mensch, der um den wesentlichen Sinn seiner Jugend, nämlich um die Entdeckung und Erfahrung seiner wirklichen Eigenständigkeit, seiner persönlichen Besonderheit, seiner realen gesellschaftlichen Freiheit betrogen wurde, und die Betrüger sind wir, die Erwachsenen, die ihn für seine Unfreiheit belohnen." (Sünkel 2025, S. 93).

Mit *Erziehung will die Zukunft in der Gegenwart* ist der Festvortrag überschieben, den Wolfgang Sünkel anlässlich des 80. Geburtstages von Prof. Dr. Karl Seiler an der Universität Erlangen Nürnberg im Mai 1976 gehalten hat. Dieser Text ist prozesstheoretisch aufschlussreich, einerseits bezogen auf die Zeitdifferenzstrukturen. Andererseits unterstreicht er, dass normative Fragen und Zielbestimmungen auf der Prozessebene fehl am Platz sind. Insbesondere die Hinweise auf Konflikte in der Jugendphase verlangen sensible Abstufungen und einen fein abgestimmten Umgang mit Widerständen. Diese sind nicht moralisch zu bewerten, sondern es ist innerhalb der Zeitperspektive pädagogisch dafür zu sorgen, dass der Zögling selbst zur Vergewisserung seiner eigenen Ziele angehalten oder veranlasst werde.

Der Vortrag *HOMO FABER SAPIENS* wurde April 1977 für den Hegel-Kongress in Salzburg entworfen. „Dort wurde er jedoch nicht gehalten, weil die Kongressteilnahme wegen Vaters Tod abgebrochen werden musste. Er wurde für den Belgrader Vortrag ausgeschlachtet." (Sünkel) In dieser Auswahl findet er sich wieder, weil er die anthropologischen Grundlagen der Erziehung thematisiert, in der Absicht, die Frage zu gewinnen auf die Erziehung die Antwort darstellt. Die Aufmerksamkeit mit der Wolfgang Sünkel zeitlebens die Studien aus der Anthropologie verfolgte, war einerseits maßgeblich für die Bestimmung der Rolle, die Erziehung im Zuge der kulturellen Evolution spielt. Das ist mit der Theorie des 3. Faktors in einzigartiger Weise gelungen. Andererseits lag ihm immer schon die Relativierung der ontologischen Differenz am Herzen. Das drückt sich in diesem Text am Beispiel des Sprachunterrichts für Schimpansen aus, wenn Sünkel dem philosophisch gebildeten Publikum mit einem gewissen Augenzwinkern erklärt „dem Schimpansen [liege] die Philosophie des Machens näher, [...] als die Philosophie des Seins" (ebd.). Ernsthaft interessierte ihn jedoch, was ohne menschliche Eingriffe im Generationenwechsel der Schimpansen von der Sprache erhalten bleibe. Erziehung bzw. „extrahumane Erziehungsanaloga" (vgl. Sünkel 2011, S. 67, §§ 56–60) als Motor und Modifikation der kulturellen Evolution. So sieht der vernunftbegabte Mensch sich selbst nur, wie er sich sehen möchte, als „ein sich selbst belügender Jupiter" (Sünkel 2025, S. 106). Umgekehrt relativiert homo faber das Denken an der gegenständlichen Tätigkeit in dem er sich selbst hervorbringt. Die „Wechselwirkung zwischen der Evolution von Hand und Hirn des Menschen" bleibt grundlegend für Sünkels Verständnis der kulturellen Evolution. Heute werden manche hier gestreiften Phänomene als Epigenese bezeichnet. Die Forschungen dazu stecken noch immer in den Anfängen.

Das Exposé *Das Phänomen der Mimese und seine systematische Bedeutung* ist leider nicht mehr verwirklicht worden. Es enthält aber einige bedenkenswerte Ausführungen zur Charakterisierung der Aneignungstätigkeit – die eben auch als Selbsterziehung stattfinden kann, weil der 3. Faktor und das soziale Leben das ermöglichen.

Der Habilitationsvortrag *Zum Problem des Normalen in der Sozialpädagogik* spricht für sich selbst und macht gerade gegenwärtig wieder deutlich, wie weit entfernt die sozialpädagogische Praxis von der „Destruktion der Kategorie des Normalen" ist, etwa in den Programmen für sogenannte „Schulverweigerer", „Systemsprenger" oder in der Gewaltprävention für Jugendliche.

Ist die Jugend heute anders?

Vortrag, gehalten am Pestalozzi-Gymnasium in Unna (Westf.) auf Einladung der Elternpflegschaft 1967

Herr Vorsitzender, meine Damen und Herren!

Die Frage, über die ich zu sprechen habe, wird zweifellos richtig verstanden als der Ausdruck eines gewissen Unbehagens, das die erwachsene Generation angesichts der heutigen Jugend ergriffen hat. Ist der Grund dieses Unbehagens bei der Jugend zu suchen? Liegt es an ihrer Vorliebe für in Form und Farbe auffallende modische Kleidung und für grob-rhythmische, zuweilen ekstatische Wirkungen hervorrufende Musik? Oder ist es eine gewisse Leichtfertigkeit im Umgang mit ernsthaften Dingen, die nun stört, eine leichte Frivolität, die über die konventionellen Regeln bürgerlich anständigen Benehmens und Aufzugs selbst dann zu lächeln scheint, wenn diese Regeln befolgt werden? Oder ist es der häufig etwas verkrampfte Ernst, mit dem neue Formen und Haltungen des geschlechtlichen Lebens diskutiert und praktiziert werden, die uns unverständlich sind, weil sie das genaue Gegenteil unserer eigenen Verkrampfungen hinsichtlich dieses Gebietes darstellen? Oder sind es gar neue Gedanken und Ideen, die uns ungewohnt, ja unheimlich sind, weil sie unsere Gewohnheiten, unsere vertraute Art zu denken und zu empfinden radikal in Frage zu stellen drohen, Gedanken, die sich unter die uns geläufigen moralischen und politischen Kategorien nicht mehr rubrizieren lassen, gegen die wir, wenn sie öffentlich bekundet werden, die Polizei zuhilfe rufen, damit sie unser Unbehagen an den jungen Menschen vollstrecke?

Liegt es also an der Jugend, dass sie uns fremd und unheimlich entgegentritt? – Lassen wir diese Frage noch eine Weile offen.

Vielleicht liegt es ja an uns, den Erwachsenen. Vielleicht bilden wir uns nur ein, dass es so etwas wie ein Jugendproblem gäbe; vielleicht beschwören wir es durch unsere Befürchtungen geradezu herauf? Als ich neulich einem Nachbarn erzählte, ich wolle in Unna einen Vortrag über die heutige Jugend halten, schlug er die Hände über dem Kopf zusammen und sagte: „Um Gottes willen, die müssen ja überschnappen, wenn dauernd über sie geredet und geschrieben wird!" – Vielleicht ist es nur Neid, der uns erfüllt, auf die Chancen und Freiheiten, die unsere Gesellschaft in zunehmendem Maße der Jugend bietet, und auf die Unbekümmertheit jugendlicher Daseinsgestaltung und Lebenserwartung, auf die wir neidisch sind, weil wir sie verloren oder nie besessen haben. Für diese Erklärung spräche die Tatsache, dass die Klage über die ‚Jugend von heute' keine Errungenschaft der Gegenwart ist, sondern seit über 2000 Jahren mit auffallender Übereinstimmung der Klagegründe immer wieder auftaucht. Es ist möglich, solche Klagelieder durch fast die ganze abendländische Geschichte hindurch, von der griechischen Antike des 5. Jahrhunderts vor unserer Zeitrechnung bis hinab in die Gegenwart zusammenzustellen, und gelegentlich kann man dergleichen Blütenlesen auch in der Presse finden.

Heißt das nun, dass wir es bei dem Generationenproblem mit einem Naturgesetz zu tun haben, welches immer und überall, wo Menschen zusammenleben, seine Wirkungen zeitigte und darum auch für uns ein unabänderliches Schicksal wäre, mit dem wir uns resignierend abzufinden hätten? Ich glaube, dieses Urteil wäre vorschnell gefällt, denn es gibt Menschen, die das Generationenproblem nicht kennen. Den Ureinwohnern des australischen Busches zum Beispiel ist es gänzlich unbekannt, ebenso den melanesischen und polynesischen Inselvölkern des Pazifischen Ozeans, über deren Sozialpsychologie wir durch die Forschungen Margret Meads recht viel wissen[1]. Da es sich hier um Naturvölker, um Primitiv-Kulturen[2] handelt, läge es nahe, die Kulturhöhe für das Entstehen des Generationenproblems verantwortlich zu machen. Aber die mittel- und südamerikanischen Hochkulturen des 14. Und 15. Jahrhunderts kannten es soweit wir wissen, ebenfalls nicht. Welches ist denn nun der für uns interessante Unterschied jener Kulturen – ganz gleich ob Primitiv- oder Hochkulturen – von der unseren und ihrer Geschichte seit der griechischen Antike? Es ist eben der, dass jene Kulturen im strengen Sinn keine Geschichte besitzen. Es sind gleichsam starre Systeme, deren gesellschaftlicher Aufbau im Prinzip gleichbleibt, deren Produktions- und Tauschformen sich kaum verändern, deren politische Ordnung weitgehend beharrt, mögen die Herrschergeschlechter kommen und gehen.

Dass unsere Kultur Geschichte hat, dass sie eine solche ist, die sich verändert, die auch diese Veränderungen aus sich selbst hervorbringt, die über das, was sie geschichtlich tut, zu einem nachdenkenden und vordenkenden Bewusstsein kommt, dass es also in ihr so etwas wie Bewegung, Evolution, Fortschritt gibt, das ist offenbar auch die wesentliche Bedingung für das Entstehen des Generationenkonflikts.

---

1   In den 60er Jahren des 20. Jahrhunderts galt Margret Mead noch als unbestritten und beispielhaft in der ethnographischen Forschung. Es nach ihrem Tod gerieten, initiiert durch Derek Freeman, ihre Studien und Methoden ins Zwielicht. Ihre Beobachtungen und Interpretationen wurden grundsätzlich angezweifelt. Diese Auseinandersetzung verfolgte Wolfgang Sünkel interessiert und kritisch.

2   Diese Termini waren damals geläufig, wurden nicht weiter reflektiert. Ihr Gebrauch scheint jedoch kein ausreichender Hinweis auf diskriminierendes Denken und Handeln. Davon distanzierte sich Wolfgang Sünkel stets mit bestem Wissen und Gewissen. Charakterisierend war für ihn eine humanistische Grundhaltung ohne jegliches Überlegenheitsgefühl gegenüber anderen Menschen genauso wie gegenüber anderen Lebewesen – Tieren, Pflanzen oder der Natur insgesamt. Gegen Ende des Vortrags über die Jugend findet sich bereits eine Aussage über die Emanzipation der „bislang kolonialen Völker", lange vor den inzwischen verbreiteten Postkolonial Studies.

Mag die Frage nach der Jugend auch so alt sein wie das Abendland, so ist doch nicht zu übersehen, dass sie in neuerer Zeit an Gewicht und Bedeutung zugenommen hat. Das spiegelt sich in dem gesteigerten Maß an Interesse, das die Wissenschaft dem Phänomen Jugend zuwendet. Das begann in den 80er und 90er Jahren des vorigen Jahrhunderts, als Psychologen das Kind und den Jugendlichen als einen besonders interessanten Gegenstand der Forschung erkannten. Auf diese sogenannte Entwicklungspsychologie gründete sich dann die neuere Erziehungstheorie, die Reformpädagogik der ersten drei Jahrzehnte unseres Jahrhunderts, die in Erinnerung an die alten Thesen J.-J. Rousseaus eine „Erziehung vom Kinde aus" forderte und das 20. Jahrhundert mit dem Wort der schwedischen Pädagogin Ellen Key als das „Jahrhundert des Kindes" ansah.

Zur gleichen Zeit, am Beginn unseres Jahrhunderts, setzte die Jugend zum ersten Mal ganz spontan von sich aus die Welt der Erwachsenen in plötzliches und weitgehend fassungs- und verständnisloses Erstaunen: sie rottete sich zu Gruppen und Bünden zusammen, sagte sich von den überkommenen gesellschaftlichen Normen und Regeln los und forderte als freideutsche Jugend 1913 auf dem Hohen Meißen für sich das Recht, ihr Leben in eigener Verantwortung selbst zu bestimmen. Die Jugend – in den 1890er Jahren geboren, also die Generation unserer Väter – schuf sich in Gruppe und Bund ihre eigenen Gesellungsformen, erkannte sich an den Zeichen ihres antibürgerlichen Protestes: an einer freieren Haartracht und an der zünftigen Kleidung, der „Kluft" (das war der Parker von damals), sie floh aus den verspießerten Städten und Elternhäuser hinaus in die Natur und reagierte auf die rudimentale Commerzbuch- und Militärmarsch-Seele der Vätergeneration mit der Entdeckung und Pflege des altdeutschen Volkslieds, genauso, wie die heutige Jugend die internationale Folklore für sich entdeckt hat.

In der Jugendbewegung ist erstmals das gesellschaftliche Phänomen Jugend deutlich erkennbar hervorgetreten, und heute können wir auch frühere Erscheinungen ähnlicher Art, etwa die Bewegung der „Jungen Humanisten" des 15. Und den Sturm und Drang und die frühe Romantik des 18. Jahrhunderts besser verstehen, weil sie gewisse Analogien zur Jugendbewegung besitzen.

Die Frage, ob die heutige Jugend anders sei als frühere Jugenden, namentlich als die Jugend der Jugendbewegung, ist nicht ohne weiteres bejahend zu beantworten. Es gibt zu viele prinzipielle Ähnlichkeiten, wenngleich nicht zu leugnen ist, dass einige Unterschiede, manche davon auch erfreulicher Art, vorhanden sind. So ist unter den Gesellungsformen an die Stelle der alten bündischen „Gruppe", dieser verschworenen Gemeinschaft von Führer und Gefolgsmannen, weitgehend die lockerere und beweglichere, sachlichen Projekten und Interessen aufgeschlossenere Form der sogenannten Clique getreten; die idealisch-enthusiastisch gleichgeschlechtliche Freundschaft ist neuen nüchterneren Formen der Partnerschaft zwischen den Geschlechtern gewichen, und die romantische Weltflucht der jugendbewegten Naturschwärmerei, an der es hauptsächlich lag, dass die Hitler-Jugend, fasst ohne Widerstand zu finden, die Jugendbewegung gleichschalten und dann schlucken konnte, scheint heute durch eine größere politische Aufgeschlossenheit und eine stärkere Bereitschaft, sich, wenngleich oft unreflektiert und leidenschaftlich, sozialkritisch zu engagieren, ersetzt zu sein.

Ich kehre zu meinem Gedankengang zurück. Die in der neueren Zeit gewichtig zunehmende Bedeutung der Jugendproblematik (die ja auch zu dieser Vortragsveranstaltung geführt hat), bestätigt die Theorie, dass eine Kultur, die in fortschreitender Bewegung begriffen ist, die Bedingung darstellt für das Auftreten des Generationenproblems. Dass unsere Zeit, seit 100 Jahren, stillgestanden sei, kann wahrlich niemand behaupten.

Mein Großvater, 1874 geboren, konnte mir noch erzählen, wie es war, als das Gaslicht, dann das elektrische eingeführt wurde, wie die ersten Fahrräder und etwas später die ersten Automobile Erstaunen und Angst auslösten – und als er vor 2 Jahren starb, hatte er den Beginn der bemannten Weltraumfahrt miterlebt. Welch eine Fülle von fortschreitender Veränderung und Umgestaltung der Welt in der kleinen Spanne eines einzigen Menschenlebens! Und wenn wir nur den Zeitraum unserer Generation nehmen: Aufstieg und Fall des 3. Reiches, der Aufschwung des revolutionären Russland zur zweiten Industrie- und Weltmacht, die chinesische Revolution, Entstehung, Höhepunkt und allmähliches Verschwinden des kalten Krieges, die Entdeckung und technische Nutzung der Atomenergie, und – vielleicht das Wichtigste und für die Zukunft Bedeutsamste – die Entdeckungen der Kybernetik und ihre technischen Anwendung in der elektronischen Datenverarbeitung, Veränderung der Welt, die sich früher allmählich, manchmal in Jahrhunderten vollzog, hat heute eine Geschwindigkeit angenommen, die uns nur darum nicht schwindeln macht, weil wir selbst diese Veränderung mitleben und mit an ihr arbeiten. Je schneller also die Geschichte läuft, desto deutlicher muss das Generationenproblem sichtbar werden; denn die Welt, in der die Jugend von heute wird leben und arbeiten müssen, wird nicht mehr die Welt von heute sein, sondern eine andere; und können wir denn sicher sein, dass sich in der Weltansicht unserer Jugend nicht schon die Keime einer Welt von morgen ausprägen, die uns noch gar nicht in den Blick getreten ist?

Um das bislang Gesagte zusammenzufassen, gewissermaßen eine erste Konsequenz daraus zu ziehen, stelle ich folgende pädagogische These auf: Wenn wir unsere Jugend verstehen wollen, genügt es nicht, nur *unsere* Jugend verstehen zu wollen. Wir müssen auch die Zeit verstehen, in der die Jugend lebt, unsere Zeit, und wir müssen die Zeit, in der sie – erwachsen – leben wird, vorausahnend zu erfassen suchen. Da aber unsere Zeit von uns, den Erwachsenen, nicht nur getragen und repräsentiert, sondern auch durch unsere Arbeit und unser Handeln in Richtung auf Zukunft verändert wird, müssen wir uns und unsere Funktion in der Gesellschaft zunächst selbst verstehen, wenn wir unsere Jugend wollen verstehen können.

Ich will nun den Gedanken an dieser Stelle enden lassen und das Problem von einer anderen Seite aus wieder aufnehmen, indem ich die Frage aufwerfe, was wir eigentlich wollen, wenn wir den Anspruch erheben, die Jugend zu erziehen. Wenn man Menschen danach fragt, wird man etwa folgende Antworten bekommen: die Kinder sollen instand gesetzt werden, später im Leben ihren Mann zu stehen; oder: sie sollen die Voraussetzungen erhalten, im Leben glücklich zu werden (die Forderung, dass sie hier und jetzt glücklich sein sollen, wird man seltener hören); oder: sie sollen die Fähigkeit erwerben, unser Werk fortzusetzen und zu vervollkommnen. Hinter solchen Antworten steckt die gleiche Tendenz: eine erzieherische Willensrichtung, die wir mit dem Fachausdruck als die Integration der Jugend in die Gesellschaft bezeichnen (man sagt auch wohl: Anpassung, allein ich liebe das Wort nicht).

Und in der Tat: leistete Erziehung dieses nicht, so wäre unsere Kultur am Ende, Tradition risse ab, Gesellschaft und Staat verlören ihre Konsistenz, und Fortschritt verwandelte sich in die ewige Wiederkehr des Gleichen. Die Kultur lebt davon, dass sie von Generation zu Generation weitergegeben, von jeder Generation vermehrt und verändert wird, und mit diesen Veränderungen wandelt sich auch der Mensch, nimmt neue Gestalten und Lebensformen an. Ein ungeheuer verantwortungsvolles Werk, das Erziehung da zu leisten hat und das, hinge es allein vom Geschick der natürlichen und beruflichen Erzieher (den Eltern und Lehrern) ab, sicherlich zum Scheitern verurteilt wäre. Zum Glück ist dem nicht so: denn die Gesellschaft selbst hat das Bestreben, die Jugend sich zu integrieren, also sie – in einem weitgefassten Sinn des Wortes – zu erziehen. Sie setzt Prämien aus für sozialkonformes Verhalten: Lob, Angesehenheit, Beliebtheit, erleichterte Lebensführung, äußeren Erfolg – und das jeweilige Gegenteil als Sanktion bei nicht-konformen Verhalten. Dem gleichen Zweck dienen in der Schule die Noten für Betragen, Fleiß und Aufmerksamkeit – und ich fürchte, die anderen zuweilen auch.

Die Schulen sind es ja in besonderem Maße, die diese Aufgabe der Integration zu erfüllen haben, denn zu diesem Zweck werden sie von der Gesellschaft gegründet und unterhalten. Lernen ist die Voraussetzung des Eintritts in das Leben der Kulturgesellschaft. Damit Integration funktionieren kann, kommt noch ein Drittes hinzu: nämlich die in der Seele des Kindes und Jugendlichen angelegte und verankerte Bereitschaft, sich seiner Umwelt – vor allem der erwachsenen Umwelt anzupassen. Schon das kleine Kind will lieber auf dem großen Stuhle sitzen als auf dem kleinen und lieber am großen Tische essen. Mit der einen Hälfte seiner Seele wünscht der Jugendliche, in die Gemeinschaft der Erwachsenen aufgenommen zu werden und in ihr geachtet und anerkannt zu sein. Die Bravheitsprämien der Gesellschaft finden fruchtbaren seelischen Boden.

Aber da ist noch die andere Hälfte seiner Seele. Mit der wünscht er sich von den Erwachsenen zu unterscheiden, frei zu sein und sich selbst zu bestimmen, der Gesellschaft ein Schnippchen zu schlagen, mit Gleichaltrigen zusammen zu sein und sich über Eltern, Vorgesetzte und Lehrer zu amüsieren. Diese Tendenz ist psychologisch völlig normal und unbedenklich; nur die Mittel der Gesellschaft,

dieser Tendenz Herr zu werden, haben sich gewandelt. Denn die Emanzipations-
tendenz, von der hier die Rede ist (Sie können auch Widerstand sagen, obgleich
ich auch dieses Wort nicht schätze) ist ja nichts Negatives, nichts, was die Erziehung hindert, erschwert oder stört, sondern was, recht benutzt, die Erziehung
vervollständigt, ergänzt und verstärkt. Schon der Dreijährige, wenn er das Wort
Ich gebrauchen lernt, will selbst jemand sein, behauptet das Recht auf seine eigene Persönlichkeit, und so bedarf der Mensch im Prozess seiner Persönlichkeits-
entwicklung einer Jugendphase, in welcher er – im Vergleich mit anderen, die in
der gleichen Lage sind – das, was seine Persönlichkeit, seine Individualität werden kann, zu finden und zu fördern imstande ist, ohne dass gleich Fertiges von
ihm erwartet wird. Also: der Mensch muss erst einmal „anders" sein, ehe er und
damit er „er selbst" sein kann. Wenn demnach gefragt wird: Ist die Jugend anders
als die Erwachsenen, so lautet die Antwort: ja – und das ist gut.

Denn keiner der Menschen, die wir vorhin im Geist gefragt haben, was sie
denn eigentlich wollen, wenn sie ihre Kinder erziehen, hätte uns geantwortet, er
wolle nicht, dass sein Kind eine eigene Persönlichkeit werde; vielmehr hätten alle
gesagt, dass man ja nur dann im Leben seinen Mann[3] stehen und glücklich werden könne, wenn man eine selbstbewusste Persönlichkeit sei.

So gehört das Anderssein notwendig zum Jungsein dazu, es ist sogar die
wesentlichste Bestimmung davon. Die Gesellschaft kommt dem bereitwillig
entgegen. In der Schule unterliegen die Formen des Unterrichts und des Schul-
lebens der pädagogischen Kritik unter dem Gesichtspunkt, ob sie jugendgemäß
sind oder nicht, die Öffentlichkeit bemüht sich in der Jugendpflege und Ju-
gendfürsorge um einen geeignet Entfaltungsraum für die Jugendlichen; eine
ganze Textilindustrie lebt davon, dass die Jugend sich anders kleiden will als
die Erwachsenen, und ein großer Teil der Musikkonservenherstellung zielt auf
eine jugendliche Käuferschaft, besondere Lokale für Jugendliche mit Beat-Band
und Disc-Jockey entstehen allerorten und finden ihr Geschäft. All diese Anstren-
gungen der Gesellschaft dienen dem Zweck, durch Förderung des Andersseins
der Jugend, durch Appell an ihren Emanzipationswunsch sie letztlich doch in
die Gesellschaft zu integrieren, sie zu brauchbaren Staatsbürgern, frommen
Christen und ausgabefreudigen Konsumenten zu machen.

An dieser Stelle erhebt sich angesichts des ganzen Getues um die Jugend doch
ein ernstes Bedenken, eine Befürchtung pädagogischer Art, ob all diese Veranstal-
tungen nicht etwa zu kurz zielen, nicht etwa ihr Ziel auf zu direktem, zu schnel-
lem Wege zu erreichen suchen: die Integration könnte zu vollständig geraten, sie
könnte zu selbstverständlich werden. Der natürliche Wunsch der Jugend, sich zu
emanzipieren, anders zu sein, die Eltern und die Erwachsenen überhaupt einer

---

3   ... und ihre Frau und divers, sind zweifellos eingeschlossen. Denn die antidiskriminierende
    Grundhaltung von Wolfgang Sünkel kannte selbst auch keine „Moralität für Einzelfälle" (Sünkel
    2011, S. 46).

kritischen Beurteilung zu unterziehen, an Autoritäten zu kratzen und sie in Frage zu stellen, dieser natürliche und legitime Wunsch der Jugend scheint recht häufig durch Surrogate erfüllt zu werden, welche die Emanzipation nur vortäuschen, um sie unter der Maske umso sicherer abzutöten, sowohl im schulischen wie im außerschulischen Bereich. Das Ergebnis solcher vorschnellen betrügerischen Integration, nämlich der fromme Staatsbürger, der brauchbare Christ und Konsument, ist etwas sehr Fragwürdiges, etwas, was so gut in die Zeit passt, dass es ihr nimmermehr helfen kann. Wir kennen ihn alle, den hier gemeinten Jugendlichen, der sich keck und emanzipiert gibt, im Grunde aber kreuzbrav, folgsam und fleißig ist, der die Gesellschaft, in der er zu leben hat, ein wenig an der Oberfläche kritisiert (weil das so Mode ist), im Grunde aber diese Welt als die beste aller möglichen akzeptiert und sich für all diese seine politischen Mängel mit Mitteln entschädigt, die die Gesellschaft ihm bereitwillig anbietet, weil sie unschädlich sind. Ein Rolling-Stones-Konzert kann für ihn ebenso ein Ablenkungsmittel und Ausgleichsventil sein wie für seinen Vater das Bundesliga-Spiel: das hysterische Geschrei ist an beiden Orten das gleiche.

Der größte Teil unserer Jugend – bis hinauf zur studentischen – gehört diesem Typ an, ist wohlangepasst, fix und anstellig, aber voller Angst, im Denken und Handeln die vorgebahnten, längst ausgetretenen rechten Wege auch nur um ein Grad zu verfehlen. Dieser voll integrierte junge Mensch, dieser frühreife Bürger, der uns erschrecken kann, indem er uns das Antlitz unserer eigenen Lebensgleichgültigkeit gespiegelt zeigt, er ist – pädagogisch gesehen – das eigentliche problem child unserer Zeit. Dieser Mensch ist ein verkürzter Mensch, der um den wesentlichen Sinn seiner Jugend, nämlich um die Entdeckung und Erfahrung seiner wirklichen Eigenständigkeit, seiner persönlichen Besonderheit, seiner realen gesellschaftlichen Freiheit betrogen wurde, und die Betrüger sind wir, die Erwachsenen, die ihn für seine Unfreiheit belohnen. Hierin ist der Grund auch dafür zu sehen, dass jene Erzieher, die sich ihrer Aufgaben bewusst sind, seit rund 200 Jahren wissen, dass das Erziehungsgeschäft zum größten Teil darin besteht, den Vorgang der Integration der Jugend in die Gesellschaft aufzuhalten, zu stören und zu verzögern, damit sie ihre kaum erwachte Menschlichkeit nicht sofort wieder an die Gesellschaft verlieren. Den vollangepassten Jugendlichen, der seine Jugendlichkeit allein auf Minirock, Beat und Röhrenhose beschränkt, aus seiner vorschnellen Integriertheit herauszureißen, ihn real in Freiheit zu setzen, das ist die Aufgabe der Erziehung, aber sie ist schwer, weil sie gegen die integrativen Tendenzen der Gesellschaft anzukämpfen hat, und kann nur gelingen, wenn wir, seine Erzieher, ihm im kritischen Gebrauch unserer Freiheit mit gutem Beispiel vorangehen. Tun wir es nicht, so verstärken und billigen wir eine Entwicklung, die bereits deutlich wird als eine schwarze Perspektive unserer Zeit: die Entwicklung zur formierten Jugend in einer formierten Gesellschaft; und – meine Damen und Herren – wenn wir uns nur ein wenig zurückerinnern: genau das hatten wir ja schon mal.

Sie haben bemerkt, dass sich mein Gedankengang eines rhetorischen Tricks bedient hat, indem ich nämlich das Problem der heutigen Jugend, den Anlass, um sie und ihre Zukunft besorgt zu sein, an jenem Teil der Jugend entwickelt und dargestellt habe, der gemeinhin zu Klagen über die Jugend keinen Grund gibt, der in der Regel für den besseren Teil der Jugend gehalten wird, und der, weil unauffällig, auch als unproblematisch erscheint. Einer genaueren pädagogischen Untersuchung aber, die nach dem Grundsatz verfährt, das Selbstverständliche nicht für selbstverständlich zu halten, offenbart sich die Problematik gerade dieser Art von Jugend.

Haben wir diese Problematik erst einmal gesehen und durchschaut, dann wird es uns nicht mehr schwer fallen, dem auffälligen Teil unserer Jugend, der unsere Besorgnisse und unser Unbehagen hervorgerufen hat, freundlichere Gefühle zuzuwenden. Wir werden genötigt sein, gerade auf diese Jugend in ihrer kritischen, das Gewohnte in Frage stellenden Haltung einige unserer Hoffnungen auf eine freiere Zukunft zu setzen, und werden nicht umhin können, einen Gammler sympathischer zu finden als einen Playboy.

Denn gesellschaftliche Veränderung und kultureller Fortschritt geschieht durch die, die anders zu denken verstehen, als man vorher gedacht hat, die die Selbstverständlichkeiten ihres Selbstverständlichseins entkleiden und Probleme daraus machen, die auch in ihrem Handeln und ihrer Arbeit die ausgetretenen Wege meiden und den Mut haben, Neuland zu entdecken. Und wenn solcher Weg mit dem gelebten Beweis beginnt, dass der Mensch auch leben kann, ohne die Wäsche zu wechseln, so ist dieser Anfang nicht schlechter als irgendein anderer.

Doch auch hier bestehen Gefahren, die man sehen und denen man vorbeugen muss; auch auf diesem Wege droht eine Verkürzung des Menschlichen, eine vorschnelle Integration. Ich stehe im Alter dieser Generation noch nahe genug, um eine Kritik wagen zu dürfen, die gerade diesen mir liebsten Teil der Jugend betrifft. Man greift meist zu kurz, wenn man protestiert und provoziert. Protest und Provokation, mögen sie auch ganz echt gefühlt sein, ändern die Gesellschaft nicht, ändern auch die protestierende und provozierende Jugend selber nicht, wenn sie bloß im Gefühl bleiben, wenn sie bloß emotional getragen sind. Den emotionalen Protest erträgt die Gesellschaft wohl, sie nennt ihn das Vorrecht der Jugend und weiß, dass aus schäumendem Most ruhiger Wein wird, die Gefühle sich klären und eines Tages die Anpassung an das Vorgegebene umso leichter vollzogen werden kann Jugend muss sich austoben, so heißt es, und es gibt ein bitterböses Wort eines Franzosen, der gesagt hat: Wer mit 20 Jahren nicht Sozialist ist, hat kein Herz; wer es mit 40 noch ist, keinen Verstand[4].

4　Dieses Zitat wird einigen Männern zugeschrieben. Man findet in den gebräuchlichen Suchmaschinen folgende Urheber: Winston Churchill, Georges Clemenceau, Benedetto Croce oder Theodor Fontane. Das Zitat dürfte ein Fall für Gerald Krieghofer werden, der sehr erfolgreich falsche Zitate und Zuordnungen aufdeckt.

Die Aufgabe, die diese Jugend an sich selbst zu lösen hat, sehe ich darin, den gefühlsmäßigen Protest in verstandesmäßige Kritik zu überführen und damit den zynischen Franzosen Lügen zu strafen. Es genügt nicht, gegen den Krieg der Amerikaner in Vietnam zu protestieren, wenn man nicht zu verstehen sucht, welche politischen Mechanismen diesem Kriege zugrunde liegen. Es genügt nicht, sich für seine eigene Person aus den Ordnungen bürgerlicher Konvention herauszuziehen, wenn einem dadurch nicht der Eigensinn bürgerlicher Konvention transparent wird. Denn nur der rationalisierte Widerstand, nur die gezielte Freiheit verbürgt Veränderung und Fortschritt der Gesellschaft. Die Vorbedingung gezielter Freiheit ist Information. Gerade den aufrührerischen Jugendlichen, den Systemstürzern, muss gesagt werden: wenn ihr den Sinn eures Protestes nicht verfehlen wollt, dann lernt, lernt alles, was es zu lernen gibt, und wenn man Euch das Richtige nicht lehrt, lernt es allein. Dass freilich einer auf Information und Rationalität gegründete Kritik gefährlicher ist als der bloß emotionale Protest, das hat sich an den Berliner Studenten bewahrheitet, die im Gegensatz zur deutschen Journalistik ganz genau über die Zustände in Persien Bescheid wissen. Aber mag es gefährlich sein: diese Art von Wahrheitsliebe sollten wir unserer Jugend dringend ans Herz legen. Denn nur in diesem Sinne ist der Appell, die Jugend möchte doch bitte auch die Welt der Erwachsenen zu *verstehen* versuchen, keine unbillige Forderung.

Ein Letztes bleibt noch zu sagen. Es war von der Integration der Jugend in die bestehende Gesellschaft die Rede und von der Emanzipation der Jugend aus der bestehenden Gesellschaft heraus. Wie können diese zwei gegenläufigen Tendenzen vereinigt werden? müssen wir uns fragen. Die Antwort findet sich wenn wir versuchen, den Geist unserer Zeit an seiner zentralen Stelle, nämlich in seinem Selbstverständnis zu verstehen. Die geschichtliche Epoche, in der wir leben, beginnt im 18. Jahrhundert; sie beginnt mit dem Siegeszug von Naturwissenschaft und Technik, politisch mit der Entdeckung von Naturrecht und Staatsvertrag, ökonomisch mit dem Sieg der bürgerlichen Wirtschaftsweise, pädagogisch mit Rousseaus Entdeckung, dass die Kindheit nicht eine Vorstufe, sondern eine eigenständige menschliche Lebensform ist; und sie beginnt philosophisch mit jener Bewegung des Geistes, die wir Aufklärung nennen und die der große Immanuel Kant definiert hat als „den Ausgang des Menschen aus seiner selbstverschuldeten Unmündigkeit". Diese Definition ist aber nichts anderes, als eine Beschreibung dessen, was wir die Emanzipation genannt und als eine wesentliche Weise der Selbstfindung junger Menschen erkannt haben.

Dass die Emanzipation das Grundkennzeichen unserer Zeit ist, wird niemand bestreiten, der daran denkt, dass eine Emanzipationswelle nach der anderen das Gesicht unserer Epoche bestimmt hat: die des kritischen wissenschaftlichen Denkens, die des Bürgertums, die der Frau, die der Jugend, die der bislang kolonialen Völker. Und der Prozess geht weiter: Lernen ist nicht mehr allein die Aufgabe der Jugend, während die Erwachsenen die wissenden sind; gerade die Bergbaukrise unserer Tage hat gezeigt, dass Lernen im Leben nicht aufhört und dass die Aufgabe der Erziehung und Schule nicht mehr sein kann, die für das Leben notwendigen Kenntnisse zu lehren, sondern das Lernen zu lernen[5], weil ein Unterschied zwischen Jugend- und Erwachsenenwelt in dieser Hinsicht nicht mehr besteht.

Die Aufgabe der Erziehung, lässt sich unter den erörterten Gesichtspunkten in eine Formel zusammenfassen, welche lautet: es geht um die Integration einer emanzipierten Jugend in die emanzipierte Gesellschaft.

---

5   Darüber hat Wolfgang Sünkel noch einmal gründlich nachgedacht und sieht das Lernen lernen in seiner Theorie der Erziehung sehr viel skeptischer.

Erziehung will die Zukunft in der Gegenwart

Festvortrag bei einer Akademischen Feier
des Fachbereichs Erziehungs- und
Kulturwissenschaften
der Universität Erlangen Nürnberg zu Ehren von
Prof. Dr. Karl Seiler anlässlich seines 80. Geburtstages
im Mai 1976

Das Erziehen ist ein Prozess; und wie jeder Prozess braucht er seine Zeit. Seine Ausdehnung liegt in der Zeitdimension, genau so wie beim Herstellungsprozess eines Werkstücks, genau so wie beim Prozess einer gesellschaftlichen Reform. In einem simplen, aber fundamentalen Merkmal jedoch ist das Erziehen anders: Man kann die dazu benötigte Zeit nicht verkürzen. Gesellschaftliche Reformen lassen sich beschleunigen, indem man zusätzliche politische Maßnahmen trifft, die dann ‚flankierende' heißen; ebenso kann der Herstellungsprozess eines Werkstücks durch Rationalisierung der Produktion beschleunigt werden, ja, die ökonomische Vernunft drängt darauf, die Herstellungszeit so kurz zu machen, wie es die technologischen Bedingungen nur zulassen.

Demgegenüber gibt es Prozesse, die nicht beschleunigt werden können, weil in sie, wie in des Erziehen, Momente eines natürlichen Wachstums notwendig eingehen. Ins Absurde mündet der Gedanke, man könne durch Verbesserung der Erziehung und Rationalisierung der pädagogischen Institutionen die Erziehungszeit – sagen wir – auf zehn Jahre verkürzen und die Zehnjährigen als mündige, volljährige und verantwortliche Menschen in die Welt entlassen.

Wir können also zwei Arten von Prozessen unterscheiden. Die einen sind, wie die Werkstückherstellung, allein durch die Zeit*dimension* bestimmt; innerhalb der Dimension ist die erforderliche Zeitspanne variabel. Die anderen, und dazu gehört das Erziehen, sind auf die ihnen vorgegebene Zeit angewiesen, d. h. sie sind zusätzlich noch durch die notwendige Zeit*differenz* ihres Ablaufs konstituiert. In der Erziehung ist dies die Differenz zwischen der Gegenwart, in der, und der Zukunft, für die erzogen wird. Diese Zukunft ist immer die Zukunft des Zöglings, denn der Erzieher kann wechseln, ohne dass die Erziehung aufhört, sich an der Zukunft des Zöglings zu orientieren (vgl. dazu im vorliegenden Band § 180); die Zukunft des Erziehers ist für die Erziehung ohne Belang.

Wir können demnach den Zeitpunkt gegenwärtig geschehender Erziehung (t) von jedem beliebigen, in der Zukunft des Zöglings anzunehmenden Zeitpunkt (t1) formal unterscheiden und nach den Konsequenzen fragen, die sich aus diesem

Unterschied für die Struktur des erziehenden Handelns ergeben. Gewiss ist dies trivial. Aber erstens ist die theoretische Pädagogik noch nicht so weit fortgeschritten, dass sie sich die Verachtung des Trivialen leisten könnte, und zweitens hat das Triviale für den Theoretiker häufig den großen Vorzug, dass es zugleich evident ist.

Wie der Zögling in seiner Zukunft (Z1) wirklich beschaffen sein wird, kann gegenwärtig (t) niemand wissen. Gleichwohl ist dieser unbekannte Zustand derjenige, um dessentwillen die Erziehung gegenwärtig (t) geschieht. Wir können uns das Erziehen also nur so denken, dass in ihm die unbekannte Zukunft des Zöglings bereits gegenwärtig antizipiert ist. Eine solche Vorwegnahme eines künftigen Zustands in der Vorstellung nenne ich, insofern sie zum Orientierungspunkt pädagogischen Handelns gemacht wird, eine *Perspektive*. Für unser Problem entscheidend wird nun, dass diese Perspektiven immer doppelt auftreten: Der Erzieher macht sich ein Bild vom künftigen Zustand seines Zöglings (Z1E), aber auch der Zögling besitzt ein Bild von seinem eigenen künftigen Zustand (Z1Z)

Es wäre viel zu oberflächlich, wollten wir das Bild, das sich der Erzieher vom künftigen Zustand des Zöglings macht (Z1E) als einen Komplex von Verhaltenserwartungen definieren, denn das eigene Zukunftsbild des Zöglings (Z1Z) drückt bestimmt keine Verhaltenserwartungen, sondern eine *Seinserwartung* aus (ein Ich-Ideal, wie es eine ältere, aber der pädagogischen Fragestellung noch nähere Psychologie nannte). Wir fassen besser, analog, auch die Zöglingsperspektive, die der Erzieher hat (Z1E), als eine Seinserwartung.

Dies ist nun die theoretische Ausgangsfigur meiner Überlegungen. Damit Sie mich nicht missverstehen, muss ich die Gültigkeit dieser Figur in mancherlei Hinsicht einschränken. Es ist eine abstrakte Figur, und man muss sagen, wovon abstrahiert worden ist.

Um der Übersichtlichkeit der Figur willen sehe ich von einer Komplikation ab, die darin besteht, dass in der Regel die Zöglingsperspektive des Erziehers (Z1E) länger ist, also weiter in die Zukunft vorgreift, als die eigene Perspektive des Zöglings, dass sie auch häufig inhaltsvoller und differenzierter ist.

Die weiteren Einschränkungen sind grundsätzlicherer Art, sie dienen nicht der Übersichtlichkeit der Figur, sondern der Isolierung des Problems. So sieht die Figur davon ab, dass das gegenwärtige Handeln des Erziehers am Zögling nicht die einzige Ursache des künftigen Zustands des Zöglings ist. Die Fülle verschiedener und divergenter Einflüsse und Einwirkungen, die die wirkliche Zukunft des Zöglings bestimmen wird, wird nicht geleugnet, es wird von ihr abgesehen. Ferner sieht die Figur davon ab, dass Erzieher und Zögling nicht am Anfang der geschichtlichen Welt stehen. Beide sind gesellschaftlich-geschichtliche Wesen, geprägt von ihrer Epoche, ihrer jeweiligen Klassenposition und weltanschaulichen Herkunft, verstrickt in die sozialen Determinanten ihrer Existenz. Beide, Erzieher wie Zögling, haben nicht nur Perspektive, sie haben auch Tradition, und diese Tradition wirkt in bestimmender Weise auf die inhaltliche Fassung der Perspektivziele ein. Die Figur vernachlässigt völlig die andere Zeitdimension, die Vergangenheit, ohne ihre Mächtigkeit leugnen zu wollen.

Diese Einschränkung wird mich auch von dem Verdacht befreien, als wollte ich zu einer Pädagogik zurückkehren, die das individuelle Erziehungsverhältnis gleichsam als das Naturverhältnis des Erziehens ansah. Ich weiß sehr wohl, dass der pädagogische Bezug kein ursprüngliches, sondern ein im hohen Grade abgeleitetes Verhältnis ist. Gleichwohl geschieht ein großer Teil der Einwirkungen der Gesellschaft auf die in ihr Heranwachsenden auf dem Weg persönlicher Einwirkungen. Solche persönliche Einwirkung ist in der Figur durch Abstraktion isoliert worden. Bleibt noch anzudeuten, dass jedes der hier ausdrücklich oder stillschweigend ausgeklammerten Probleme in seiner Struktur analysiert und in Form einer eigenen theoretischen Figur dargestellt werden könnte. Die Zusammenhänge der einzelnen Problemstrukturen untereinander sind dann Gegenstand der eigentlichen systematischen Arbeit.

Nach so vielen Einschränkungen wieder zum Problem. Ich glaube den Jubilar besser zu ehren, wenn ich eine Sache eingehend abhandle, statt über viele zu schwätzen.

Schon der Entdecker der Perspektivenpädagogik, Makarenko, hat deutlich gesehen, dass die jeweiligen Perspektivziele nur ihrem Inhalt nach dem zukünftigen Zeitpunkt (t1) angehören; ihr Wirkungsfeld ist der lebendig-gegenwärtige Zögling, dessen Charakter durch die von ihm erfasste Perspektive bestimmt wird. So entspricht der nahen Perspektive der ‚gute Charakter‘, durch die mittlere Perspektive wird der ‚starke‘, durch die ferne Perspektive der ‚schöne Charakter‘ fundiert. Wie das zusammenhängt, bleibt bei Makarenko unentfaltet.

In der Gegenwart wird gehandelt, erzogen, gelebt. In der Gegenwart findet die Freude auf das Morgen statt. Der gegenwärtige Moment hat auch in der Erziehung den Vorrang vor einer ungewissen Zukunft. Der Erzieher hat es nicht mit blassen abgezogenen Vorstellungen von einem künftigen Zögling zu tun, sondern mit der prallen Wirklichkeit seines lebendigen Zöglings hier und jetzt.

Dennoch: die Wirklichkeit des Zöglinge, sei sie noch so prall gegenwärtig, ist selbst eine zukunftsbezogene, und eine Handlung des Erziehers, ein Akt, kann nur dann ‚pädagogisch‘ heißen, wenn der Zukunftsbezug darin gegenwärtig ist. Ein einfaches Beispiel soll dies verdeutlichen. Der Erzieher tadelt eine Unart des Zöglings mit dem Satz: „Das passt doch nicht zu dir!" – Ein unscheinbarer pädagogischer Akt, wie er ständig und allenthalben, vielleicht kaum als solcher erkannt, vorkommt. Betrachten wir den Satz genauer. Er wird zum gegenwärtigen Zögling gesagt. Aber, bezogen auf den gegenwärtigen Zögling (Z) ist der Satz unwahr, denn jener hat ja die getadelte Unart tatsächlich gezeigt, also passt sie doch zu ihm.

(Hier könnte der Philosoph eingreifen und sagen: Der Satz ist gar nicht deskriptiv, sondern ein verkleideter normativer Satz des Sinnes: Das soll nicht zu dir passen! – Der Philosoph hätte recht; aber der Pädagoge bliebe stecken. Denn das Problem normativer Sätze ist die Begründung, warum sie gelten sollen, was hier, wo wir nach der Struktur eines Akts fragen, gar nicht interessiert. Die Gründe der Befolgung oder Nichtbefolgung einer Norm sind aus der Norm selbst nicht ableitbar. Hüten wir uns also vor dem philosophischen Glatteis und schreiten wir auf dem pädagogischen Wege fort.)

Der Satz: Das passt nicht zu dir! Ist unwahr, wenn wir ihn auf den gegenwärtigen Zögling beziehen, aber er ist wahr in Bezug auf die Zöglingsperspektive des Erziehers (Z1E). Und wenn der Tadel Erfolg hat, wenn der Zögling ihn annimmt, dann ist der Satz auch wahr in Bezug auf die Zöglingsperspektive des Zöglings (Z1Z). In diesem Fall ergibt sich eine Assimilation der beiden Perspektivziele. Unterbleibt das getadelte Verhalten von nun an, so hat der Erzieher durch seinen Tadel den Zögling zwar aufmerksam gemacht, die Unart abgelegt aber hat der Zögling selbst aus eigenem Willen, indem er seinen Zustand (Z) in Richtung auf sein Perspektivziel (Z1Z) selber verändert hat.

Was bedeutet dies für unser Problem? Das Ganze spielt sich in *einem*, gegenwärtigen Akt ab; auch hat sich gezeigt, dass dieser Akt als solcher nicht denkbar gewesen wäre, wenn wir ihn nicht als durch die beiden Perspektivziele mitkonstruiert verstanden hätten.

Daraus verallgemeinern wir folgendes. Die Zeitdifferenz des Erziehens ist in jedem einzelnen pädagogischen Akt auf bestimmende Weise präsent, d. h. sie geht in die Struktur des pädagogischen Aktes notwendig ein. – Und nun kann ich auch den etwas blumigen Titel meines Vortrags durch die exakte Formulierung seines thematischen Problems ersetzen: Ich spreche über „die Struktur des pädagogischen Akts, insofern sie durch die Zeitdifferenz des Erziehens bestimmt ist".

In die schon entwickelte theoretische Figur lässt sich dieses Problem dergestalt eintragen, dass man die Struktur der Zeitdifferenz auf der Gegenwartsachse (senkrecht) abbildet. (Es versteht sich von selbst, dass Z1 als die unbekannte wirkliche Zukunft nicht mitprojiziert werden kann.)

Wir sind also genötigt, innerhalb des pädagogischen Aktes zwei Ebenen zu unterscheiden, eine reale Ebene, auf welcher sich der pädagogische Akt abspielt, und eine ideale (oder symbolische) Ebene, auf welcher die Inhalte und Tendenzen des Akts angesiedelt sind, die sich dort in der Form zweier, prinzipiell unterschiedener Perspektivziele des Zöglings und der möglichen Beziehungen zwischen ihnen ausdrücken. Der Erzieher erscheint *nur* auf der Realebene.

Inzwischen werden sich viele meiner Hörer fragen, was denn das ganze Spiel mit theoretischen Figuren und abstrakten Sätzen über Erziehung eigentlich solle und welcher Nutzen daraus dem praktischen Erzieher erwachse. Nun; der pädagogischen Praxis nützt all das zunächst gar nichts. Die theoretische Pädagogik sieht in der pädagogischen Praxis nicht ihr Anwendungsfeld, sondern den Gegenstand ihrer Erkenntnis. Sie schreibt der Praxis nichts vor, sie schreibt ihr etwas nach, indem sie versucht, die Strukturen des realen pädagogischen Handelns darzustellen und abzubilden. Unser Modell hier *ist* eine solche Struktur realen pädagogischen Handelns.

Aber – auch die *theoretische* Pädagogik ist eine praktische Wissenschaft; sie erkennt ihren Gegenstand nicht um der Erkenntnis, sondern um des Gegenstands willen; sie erfüllt praktische Bedürfnisse und folgt praktischen Interessen. Jedoch tut sie all dies auf theoretische Weise. Ihr Beitrag zur Verbesserung des Gegenstands ihrer Erkenntnis ist die Verbesserung ihrer Erkenntnis des Gegenstands; dieser Beitrag ist weder präskriptiver noch affirmativer, er ist skeptischer Natur: Die Strukturanalysen der theoretischen Pädagogik machen Erziehungsprobleme, auch und vor allem praktische Erziehungsprobleme, pädagogisch *beurteilbar*.

Auch im Lichte des hier entwickelten Modells der Struktur des pädagogischen Aktes (insofern diese durch die Zeitdifferenz des Erziehens bestimmt ist) lässt sich eine Vielzahl von Erziehungsproblemen pädagogisch beurteilbar machen. Ich wähle zwei davon aus, um Ihnen daran die Beurteilung zu verdeutlichen: es handelt sich um zwei klassische Erziehungsprobleme: das Problem des Vorbilds und das des Konflikts.

Heranwachsende wählen sich, meist aus gehöriger Entfernung, Vorbilder, um sich mit ihnen zu identifizieren und ihre Wünsche hinsichtlich ihrer eigenen künftigen Entwicklung an ihnen auszurichten: Mein Vorbild ist Albert Schweitzer, Uwe Seeler, Günter Guillaume (der letzte Name aus einer kürzlichen Kinderbefragung in der DDR).

Die pädagogische Beurteilung dieser Art Vorbildwahl ist grundsätzlich positiv, handelt es sich dabei doch um nichts anderes als um eine Symbolisierung und Personalisierung des eigenen Perspektivziels des Zöglings (Z1Z). Der Erzieher kann durch die Weise, wie er *seine* Zöglingsperspektive (Z1E) fasst, die Vorbildwahl modifizieren, z. B. dafür sorgen, dass zur rechten Zeit das Symbol ‚Winnetou' durch das Symbol ‚Kennedy' ersetzt wird. Das geschieht auf dem uns bereits bekannten Weg der Assimilation der Perspektivziele. – Wenn ein Lehrling sich die genaue und gewissenhafte Arbeit des Meisters zum Vorbild nimmt, dann nimmt er ein von ihm am Meister geschätztes, aber grundsätzlich von der Person des Meisters abtrennbares Moment in sein eigenes Perspektivziel auf; dies kann auf dem bekannten Weg auch vom Meister initiiert werden. Hier handelt es sich freilich nicht mehr um ‚Vorbild', sondern um ‚Beispiel'. –

Es geschieht aber auch, dass sich der Zögling seinen Erzieher in Person zum Vorbild nimmt und sich mit Haut und Haaren mit ihm identifiziert. (Dumme Erzieher freuen sich sogar darüber.)

In diesem Fall ist die pädagogische Beurteilung eindeutig negativ: 1) Die Person Erzieher wird aus der Ebene des realen Umgangs, wo sie hingehört, losgelöst, und der Zögling stilisiert sie hinauf auf die ideale Ebene, wo sie nichts zu suchen hat. 2) Die eigene Perspektive des Zöglings (Z1Z) löst sich auf und fließt restlos hinüber in jenes idealisierte Personbild vom Erzieher. Aber die Zukunft des Erziehers ist in der Erziehung gleichgültig; und unser Zögling hat seine eigene Zukunft verloren. Hier muss so früh wie möglich gegengewirkt werden, damit dieses nicht geschieht. Solche Gegenwirkung ist möglich, indem der Erzieher die Perspektive Z1E an die Stelle der verlorengegangenen Perspektive Z1Z setzt, sie verstärkt und vielleicht ihre Reichweite zeitweise erheblich verkürzt. Katastrophal aber wird es, wenn ein Erzieher diese seine eigene Idealität und die totale Identifikation des Zöglings mit ihr in Kauf nimmt oder gar selber will. Gegen einen solchen Erzieher hilft nur Rattengift.[1]

Zwischen realen Menschen gibt es in ihrem realen Umgang immer Konflikte. Auch Erzieher und Zögling sind reale Menschen und gehen real miteinander um, und dieser ihr Umgang ist keineswegs immer pädagogischer Natur. Das gilt auch für die Konflikte, die im Umgang auftauchen können, sei es, dass sie sich aus der gemeinsamen Benutzung eines Deodorants in der Familie ergeben, sei es dass der eine Sportschau sehen will und der andere ‚Bonanza'. Solche Konflikte werden geregelt wie überall unter Menschen, nach Spielregeln, die zu diesem Zweck da sind; Pädagogisches ist da nicht impliziert. Allenfalls könnte man sagen, dass die Fähigkeit und der Wille zur Konfliktregelung vom Zögling gelernt werden müssen; aber das liegt auf der untersten Stufe des erzieherischen Sachverhalts, auf einer Ebene mit Dressur, Gewöhnung, Training.

Pädagogisch interessant werden solche Konflikte zwischen Erzieher und Zögling erst dann, wenn Perspektivziel-Aspekte ins Spiel kommen, d. h. wenn der auf der Realebene sich abspielende Konflikt inhaltlich durch Gegensätze zwischen der Zöglingsperspektive des *Erziehers* (Z1E) und der eigenen Perspektive des *Zöglings* (Z1Z) bestimmt ist.

Der Vater sagt: „Du bist zu jung, um samstagsabends auszugehen". Die Tochter sagt (oder denkt, oder fühlt): „Ich werde unterdrückt, man lässt mir keine Freiheit". – Hier liegt der Konflikt im Gegensatz der beiden Perspektivziele; der Vater will das behütete Mädchen, die Tochter will ihre Verselbständigung gegenüber dem Elternhaus. Ein Konflikt dieser Art, wenn er nicht pädagogisch erkannt und gelöst wird, kann zu einer unerträglichen Kleinkriegssituation in der Familie führen. Die Lösung liegt hier in der wechselseitigen Assimilation der Perspektivziele: „Ich gebe Dir mehr Freiheit und erwarte, dass du groß genug bist, dieses Vertrauen zu rechtfertigen". Eine möglicherweise inakzeptable Fassung des Perspektivziels der Tochter (etwa: völlige Freiheit von elterlicher Kontrolle) kann auf diese Weise abgebaut werden. – Aber nicht immer können Konflikte zwischen Erzieher und Zögling, auch nicht so eminent pädagogische, in der beschriebenen Weise der Perspektivziel-Assimilation gelöst, also ‚harmonisiert' werden. Es gibt immer

---

1   Das sind ungewohnt drastische Worte, in denen Wolfgang Sünkel hier die Selbstherrlichkeit von Erzieher*innen geißelt, die sich in ihrem Kind wiedererkennen, in ihnen ihr eigenes Idealbild verwirklichen und eine Kopie von sich erstellen wollen. Sie lassen den Kindern keinen Freiraum für ihre Entfaltung, alles, was sie tun, ist „nur" gut gemeint. Damit treiben sie die Kinder in eine lähmende Ausweglosigkeit, der sie aus eigener Kraft nicht mehr entkommen.

wieder einen Widerstand des Zöglings gegen das Erzogenwerden überhaupt, der mit Aufsässigkeit nichts zu tun hat, der vielmehr eine besondere Festigkeit der Perspektive des Zöglings ausdrückt. Dabei liegt die Gefahr auf der Hand, dass die Festigkeit der Perspektive zu einer Verfestigung des Perspektiv*ziels* und damit zur Blockade der Entwicklungsdynamik führen kann. Der Erzieher aber kann die Festigkeit der Perspektive nicht zerschlagen, ohne die Perspektive selbst zu zerstören. Er kann aber *seine* Zöglingsperspektive (Z1E) mit betonter Festigkeit dagenhalten und so den Zögling zu einer fortwährenden Klärung und Selbstvergewisserung des eigenen Zieles zwingen.

Hier erreichen wir die tiefste Dimension der pädagogischen Dialektik, die Wilhelm von Humboldt so formuliert hat: „Wenn wir uns über den Widerstand beklagen, welchen die menschliche Natur auch einer weisen Bildung entgegen setzt, so müssen wir nicht vergessen, dass ohne eine solche Kraft des Zurückstoßens auch nicht ein solches Vermögen der Aneignung möglich war." (Ak.-Ausgabe, II,90). Das heißt in unserer Sprache: Die Kraft, mit welcher der Zögling seiner Erziehung Widerstand leistet, gerade sie muss erzogen werden.

Ich bin am Ende meiner Darlegungen über die Zeitdifferenz des pädagogischen Handelns. Die Konstruktionsweise der Begründungen und Argumentationen ist Ihnen vielleicht neu gewesen. Inhaltlich habe ich über Erziehung nichts Neues vorgebracht. Das Alte, was ich darüber gesagt habe, fasse ich in einem Satz zusammen: Die Erziehung, wenn sie stimmt und wenn sie taugt, erfüllt die Gegenwart des Zöglings mit seiner eigenen Zukunft.

HOMO FABER SAPIENS

Vortrag entworfen für den Hegel-Kongress in Salzburg, April 1977. Jedoch nicht gehalten, weil die Kongressteilnahme wegen Vaters Tod abgebrochen werden musste.
Für den Belgrader Vortrag ausgeschlachtet.

Es ist mir wohlbewusst, dass der Titel meiner Ausführungen ein anthropologisches Monstrum darstellt. Zwar nicht deshalb, weil der Mensch nicht ein Wesen wäre, das produktiv und reflexiv zugleich ist, sondern weil Chiffren vereinigt sind, die ganz verschiedenen anthropologischen Vorstellungsmodellen entstammen, nämlich „homo sapiens" dem rationalistischen und „homo faber" dem produktivistischen (bzw. pragmatischen) Vorstellungsmodell der philosophischen Anthropologie. Dass diese Modelle unvereinbar erscheinen, liegt daran, dass sie ihre jeweilige fundamentale, modellbildende Hypothese gegensätzlich formulieren. Aber die Modelle können in ein problematisches Verhältnis zueinander gesetzt werden, weil ihre gegensätzlich formulierten Hypothesen sich auf die gleiche Frage beziehen, nämlich auf die Frage nach dem Zusammenhang zwischen Reflexion und Praxis, zwischen Kopf und Hand des Menschen.

Im Folgenden will ich diese Problematik zu entfalten versuchen, welche sichtbar wird, wenn man beide Modelle in Beziehung setzt. Dabei ist es unvermeidlich, die Modelle zu vereinfachen, in dem ich sie auf die Gemeinsamkeit der Grundfrage und die Gegensätzlichkeit ihrer Beantwortung zuspitze.

Das Modell der rationalistischen Anthropologie geht davon aus, dass der Mensch von Natur vernünftig sei und dass seine Tätigkeit als Ausfluss seiner Vernünftigkeit angesehen werden müsse. Arbeit, Produktion und Handlung des Menschen erscheinen als in seiner Macht stehend, weil sie auf vorhergehendem Gedankenspiel, auf Experiment und Planung beruhen, auf den Elementen also jenes Vorzugs, den bekanntlich der schlechteste Baumeister der besten Biene voraushat. So erscheint im Lichte dieses Modells auch die Differenz des humanen Lebens von allem anderen Leben als eine absolute; der Mensch ist das einzige Wesen, das Sprache hat; Vernunft beruht auf Sprache, ‚logos' meint beides. Als das Wesen, welches seine Tätigkeit antizipieren und begründen kann, erscheint der Mensch als das reine Subjekt, als von allem Objektiven durch eine absolute Differenz geschieden, und eben darum kann er sich auf die Welt als den Inbegriff der Objekte in reiner Erkenntnis und freier Tätigkeit beziehen. Allem gegenüber, was er nicht ist, denkt sich der Mensch als autonom, insbesondere wird das Wachstum der Erkenntnis als die Ursache der menschlichen Entwicklung angesehen.

Wird aber, wie hier im Modell der rationalistisch Anthropologie, der ‚logos' als die differentia ontologica des menschlichen Gattungswesens vorausgesetzt, dann ist zugleich dadurch jegliche genetische Betrachtungsweise des Menschen und seiner Vernunft ausgeschlossen und die Frage nach dem Ursprung der Vernunft anthropologisch unzulässig. Daher rührt die Affinität, die der anthropologische Rationalismus entweder zum Agnostizismus in der Ursprungsfrage oder aber zu allen Arten des Schöpfungsglaubens besitzt. Auch würde sich die philosophische Anthropologie, wenn sie dem rationalistischen Modell folgt, von der – genetisch verfahrenden – empirischen Anthropologie isolieren, welche in der Psychologie, der Humanbiologie und der Paläoanthropologie solide wissenschaftliche Fundamente erarbeitet hat. Die ontologische Differenz des Humanen scheint so absolut nicht zu sein, wie homo sapiens uns glauben machen will. ‚Logos' als Sprache, d. h. als Fähigkeit, die Welt in einem System symbolischer Zeichen zu verdoppeln, kommt im Bereich des nicht-humanen Lebens vor. Schimpansen sind zwar nicht imstande, symbolische Zeichensysteme von sich aus hervorzubringen, aber sie können sie erlernen, gebrauchen und variieren. Seit einigen Jahren experimentiert man damit, junge Tiere in der Taubstummensprache (i. e. Gebärdensprache, J.H) zu unterrichten, bislang mit großem Erfolg. Ein solches Schimpansenkind z. B., das für den Begriff ‚Kühlschrank' die Kombination der Zeichen ‚kalt' und ‚Kiste' gelernt hatte, gab nach kurzem Gebrauch diese Kombination auf und ersetzte sie durch die der Zeichen ‚öffnen' und ‚Nahrung'; es lehnte also einen gelernten Begriff ab und bildete selbst einen angemesseneren, angemessener wohl deshalb, weil dem Schimpansen die Philosophie des Machens näher liegt als die Philosophie des Seins[1]. Diese Experimente werden, wegen der langsamen Generationenfolge der Schimpansen, noch lange Zeit in Anspruch nehmen. Sie werden uns keinen Aufschluss geben können über den Ursprung der Sprache beim Menschen (es sei denn Herrn von Dänicken), aber von höchstem anthropologischen Interesse wird es sein, ob sich die Sprache, ohne weiteres Eingreifen menschlicher Lehrer, über den Generationenwechsel erhalten wird und wie sich möglicherweise die gegenständlichen und sozialen Beziehungen dieser ‚Tiere' dadurch verändern werden. – Auch in genetischer Hinsicht ist die ontologische Differenz des Humanen zu relativieren. Zwar ist die Zähmung des Feuers eine Humanleistung

---

1 In einem späteren Aufsatz über „Die Differenz des Humanen" (Sünkel 1983, S. 43–61) setzt er sich ausführlich mit den Forschungen zur Kommunikation von und mit Primaten auseinander und zieht folgenden Schluss:
„Washoe und Sarah, Lana, Lucy und Coco, all diese wackren Kämpen der materialistischen Anthropologie, sie wollen den Menschen nicht von seinem ontologischen Thron stoßen; aber allein durch ihre Existenz rufen sie uns ein deutliches Memento zu: niemals zu vergessen, dass der *Mensch* sich nur deshalb als Herrn der Natur (*homo naturans*) verstehen kann, weil er zugleich und allererst ein *Bestandteil* und *Produkt* der Natur ist (*homo naturatus*)" (ebd., S. 49).

gewesen, neben der Besiedelung der alten Welt die bedeutendste Kulturleistung des homo erectus, doch scheint die Werkzeugherstellung in den prähumanen Bereich zurückzureichen; sie glaubt man bereits den fortgeschrittenen Formen der Australopithecinen zuschreiben zu sollen.

Schwierigkeiten hat die rationalistische Denkweise in der philosophischen Anthropologie auch mit dem Problem der Geschichtlichkeit der Vernunft, d. h. mit dem Versuch, die ursprüngliche Vernünftigkeit des Menschen mit der notorischen Unvernunft der Verhältnisse, in denen er lebt zu vermitteln. Solche Vermittlung ist im Rahmen des Modells nur in zweierlei Weise darstellbar. *Entweder* man betrachtet den geschichtlichen Menschen als von seiner ursprünglichen Vernünftigkeit abgefallen; das goldene Zeitalter ist verloren, eventuell fasst man den Gedanken an eine mögliche Rückkehr. *Oder* man muss zwischen der möglichen und der wirklichen Vernunft der Menschen unterscheiden, so dass der geschichtliche Mensch als seine virtuelle Vernünftigkeit sei es in notwendiger Unvollkommenheit, sei es in wachsendem Maße aktualisierend vorgestellt wird.

Anthropologische Modelle sind Bilder, die der Mensch von sich selbst entwirft. Betrachten wir dieses: Er sieht sich, wie er sich sehen möchte, als das besondere, von allem was es nicht ist absolut verschiedene Wesen, als rein erkennendes und freihandelndes Subjekt, als Herr und Beherrscher der Welt, die ihm dienstbar ist. Er verschließt die Augen vor seiner Ohnmacht, er will nicht sehen, dass er die Natur sich aneignet um den Preis ihrer und der eigenen möglichen Zerstörung, und angesichts von Drohung, Gewalt, Ausbeutung, Krieg und Terror, die die Wirklichkeit seines Lebens bestimmen, betreibt er – Anthropodizee. So steht er vor uns: homo sapiens, ein sich selbst belügender Jupiter.

Das Modell der produktivistischen Anthropologie geht demgegenüber davon aus, dass der Mensch ein aus sich selbst heraus tätiges Wesen sei und dass seine Vernünftigkeit als Ausfluss seiner Tätigkeit angesehen werden müsse. Man stellt sich den Menschen vor als nur erkennend, was er versucht. Seine Denkform entspringt und entspricht der Form seiner gegenständlichen Tätigkeit und hat ihren Sinn nur in Bezug auf diese. Zwar verselbständigen sich die Denkformen, zwar wird Erkenntnis aufbewahrt, angehäuft und durch Tradition erhalten, doch dient all dies der Fortentwicklung der gegenständlichen Tätigkeit zu neuen Formen, denen dann wieder neue Denkformen und Erkenntnisse entspringen und entsprechen. Für homo faber ist die Weltherrschaft des Menschen nicht, wie für homo sapiens, das Postulat der Vernunft und zugleich die Probe auf sie, sondern der letzte und höchste Zweck, dem das Denken als Mittel zu dienen hat und auf den allein es sich bezieht.

Eine Stärke des produktivistischen Modells liegt ohne Zweifel in seiner Empiriefähigkeit. Es schließt die genetische Betrachtungsweise nicht nur nicht aus, es erfordert sie geradezu. Der Mensch entstammt dem Bereich dessen, was er nicht ist; er wird als das Wesen angesehen, das sich selbst und seine Besonderheit durch eigene Tätigkeit selbst hervorgebracht hat und weiter hervorbringt. Die These der innigen Wechselwirkung zwischen der Evolution von Hand und Hirn des Menschen, die vor einem Jahrhundert Friedrich Engels aufgrund rein theoretischer Überlegungen aufgestellt hat, findet heute starke humanbiologische und paläoanthropologische Stützen. Das bedeutet auch, dass wir von einer allgemeineren Wechselwirkung zwischen der biologischen und kulturellen Evolution der Gattung auszugehen haben. Dies gilt bis zu dem Zeitpunkt, wo die biologische Evolution des Menschen abgeschlossen war und der kulturellen Entwicklung allein das Feld überließ. So ermöglicht das Modell, auch den Zusammenhang zwischen der genetischen und der geschichtlichen Betrachtungsweise des Menschen anthropologisch zu denken.

Wenn wir im Lichte des homo-faber-Modells die Denkform des Menschen als seiner Tätigkeitsform entspringend und entsprechend ansehen, dann dürfen wir nicht aus dem Auge lassen, dass Tätigkeit des Menschen keine rein gegenständliche Tätigkeit ist und auch niemals war. Der Mensch hat im Verlauf seiner Selbstevolution auch die prähumanen Gesellungsformen zu menschlichen Gesellschaften weiterentwickelt und sie nach den Bedürfnissen verbesserter Naturaneignung jeweils verändert und erweitert, so dass man von der Sozialform der gegenständlichen Tätigkeit des Menschen sprechen kann. Auch dieser Sozialform der Tätigkeit entspringt und entspricht Denken und Erkenntnis. Aus dem Modell folgt aber auch, dass der Mensch nicht als anders denken und handeln kann als unter den Bedingungen der Resultate und Objektivationen vergangenen Handelns und Denkens. So können die Sozialformen seiner Tätigkeit ein Eigenleben mit eigenen Interessen und Zwecken entfalten, die ihrerseits zu Interessen und Zwecken des Denkens werden. Der Zweck der Assoziation selbst, die Naturaneignung zu verbessern, wird gekreuzt, gestört und unter Umständen sogar verhindert durch zahllose fremde Zwecke; Zwecke der Ressourcenkonkurrenz, der Revenuensicherung, der Prestigewahrung, der Herrschaftsstabilisierung, der Ausbeutung fremder Arbeitskraft und so weiter. Wie den Systemzwang des Handelns, so gibt es auch den des Denkens, das sich über die bloße Verdoppelung der Verhältnisse, denen es entstammt, also über bloße Ideologie nicht erheben kann. Homo faber, handelnd unter dem Zweck der Produktion von Gütern und seiner selbst, verfällt dem Zwang der Verhältnisse, welche er zu jenem Zweck eingehen musste: er wird ausgebeutet, politisch diszipliniert, ungerecht behandelt; und es gibt keine Gesellschaft auf dem Globus, die von allen drei Momenten der Entfremdung frei wäre. Ja auch die, die ausbeuten, disziplinieren, Unrecht tun, tun es unter dem Zwang der Verhältnisse, nehmen an der Entfremdung teil. Aber wenn sein Denken allein seiner Tätigkeit entspringt, wie kommt dann homo faber überhaupt auf die Idee, dass er frei, gleich und gerecht sein möchte? Woher fasst er den Gedanken, dass seine Verhältnisse und damit auch sein Denken unvollkommen sind?

Auch dieses Modell ist ein Bild, das der Mensch von sich selbst entwirft; betrachten wir es. Er sieht sich als den Arbeiter, der die Welt sich aneignet und sich selbst hervorbringt, der seine Vernunft als Mittel zu diesem Zweck gebraucht und entwickelt, der aber nicht imstande ist, Zwecke und Resultate seiner Tätigkeit als Objekte der Erkenntnis hinreichend abzuscheiden und deshalb nur auf das Praxiskriterium der Wahrheit verwiesen ist, der arbeitend sich verstrickt und verfängt im Netz und den Ketten der seiner Arbeit notwendigen Verhältnisse. So steht er vor unserem Auge: homo faber, ein sich selbst fesselnder Prometheus.

Was die beiden Bilder verbindet, ist die *Sehnsucht* des homo faber nach dem homo sapiens. Anders ausgedrückt: homo faber könnte unter seiner Selbstfesselung nicht bewusst leiden, er könnte insbesondere das Leiden an der unvollkommenen, weil ideologischen Gestalt seines Denkens gar nicht empfinden, wenn das homo-faber-*Modell* völlig recht hätte mit seiner Grundthese, dass die Denkform und Erkenntnis das Menschen allein als Ausfluss seiner Tätigkeit zu betrachten sei.

Denn das Leiden des befangenen Denkens an seiner Befangenheit in Interessen, Zwecken und Positionen setzt mindestens zwei als konstant anzunehmende Eigenschaften des Denkens voraus, vermöge welcher es den Tätigkeitsverhältnissen, denen es entspringt, immer um ein weniges voraus und jenseits ist; diese Eigenschaften können also den jeweiligen Verhältnissen nicht entstammen. Die erste ist die Reflexivität des Denkens; sie ermöglicht ihm, sich selbst zum Gegenstand zu machen, also auch die sozialen Bedingungen sowohl seiner Hervorbringung als auch seiner Gestalt denkend zu objektivieren. Der Mensch kann philosophieren, und er kann die Philosophie so weit treiben, dass er die Bestimmtheit seines Bewusstseins durch sein gesellschaftliches Sein erkennt, also im Gedanken aufhebt. Die zweite Konstante ist die Möglichkeit des optativischen Denkens[2]. Das ist nicht Wunschdenken; Wunschdenken stellt sich gegebene Wirklichkeit anders vor als sie ist. Optativisches Denken dagegen konzipiert Kontraste der gegebenen Wirklichkeit, erfasst ihre besseren Möglichkeiten und stellt sich auf eine Zukunft der befreiten Vernunft ein; es folgt nicht der Kategorie des Wunsches, sondern der der Hoffnung. Soweit uns vergangenes Denken der Menschheit bekannt ist, überall finden wir diesen optativischen Grundzug, am schönsten und prägnantesten vielleicht bei dem Dichter Aischylos, wenn er die Sehnsucht formuliert nach dem „aphthonos olbos", dem politischen Zustand, in welchem der Mensch weder Subjekt noch Objekt von Aggressionen ist. So können auch die Mythen vom goldenen Zeitalter durchaus als Projektionen des optativischen Denkens verstanden werden; das Paradies wird ja auch als Ort der Rückkehr gedacht. Homo faber vermag sich vorzustellen, dass es einen gesellschaftlichen Zustand gebe, der es allen Menschen erlaubt, weise zu sein.

Ich habe nun die Stelle meines Gedankengangs erreicht, an der es nötig wird, die beiden anthropologischen Modelle zu verbinden. Das ist zulässig, denn in den

---

2   Vgl. Duden: Optativ – Modus, der einen Wunsch, die Möglichkeit eines Geschehens bezeichnet; Wunschform.

Modellen wird die Wirklichkeit des Menschen nicht abgebildet, sondern ausgelegt. Im Lichte der Sehnsucht des homo faber nach der Weisheit erscheint auch das Wahrheitsmoment des Homo-sapiens-Modells, und zwar in der Variante, wo die menschliche Geschichte als Aktualisierung der potentiellen Vernünftigkeit des Menschen angesehen wird. In dieser Ansicht nämlich kann der Grund gefunden werden, warum es überhaupt Konstanten in der menschlichen Denkform gibt. Ich habe bereits den anthropologisch so hochinteressanten Zeitpunkt erwähnt, an dem die biologische Evolution des Menschen und damit auch die seines Gehirns abgeschlossen war. Man datiert ihn in das fünfte Jahrzehntausend vor der Zeitrechnung. Seit diesem Moment ist der Mensch fertig, seit diesem Zeitpunkt produziert das Hirn sich nicht mehr, es reproduziert sich in materiell veränderter Gestalt, d. h. als immer neue, aber immer gleiche Disposition seines Gebrauchs.

Die Menschheit hat es heute und in Zukunft besonders nötig, sich dieses Organs gewissenhaft zu bedienen und in Optation und Reflexion die Befangenheit ihres Denkens in Interessen und Standpunkten hinter sich zu lassen und denkend zu objektivieren. In der ganzen uns bekannten Geschichte haben Völker und Klassen immer die Alternative gehabt zwischen dem Fortschritt in der Zivilisation und dem Rückfall in die Barbarei. Seit Hiroshima wissen wir alle, dass diese Alternative nunmehr vor der Menschheit als ganzer steht; wir wissen ebenso, dass der Rückfall in die Barbarei das Erlöschen unserer Gattungsexistenz bedeuten kann; und wir wissen noch ein drittes: dass dieser Rückfall in die Barbarei nicht nur die Alternative, sondern auch das Resultat jenes zivilisatorischen Fortschritts darstellen kann.

Die philosophische Anthropologie ist selbst ein Moment des optativischen Denkens der Menschheit, sie heißt insofern Humanismus. Der monströse Titel meines Vortrags muss nun an seinem Ende umformuliert, er muss in den Optativ gesetzt werden, den grammatischen modus verbi der humanistischen Rede: Homo faciendo sapiat. Der Mensch habe einen Begriff davon, was zu tun er im Begriff ist.

Das Phänomen der Mimese und seine systematische Bedeutung

Exposé für einen Aufsatz

1. Indem man eine Tätigkeit nachahmt, erfährt man, allein durch den Vollzug der Nachahmung, den Sinn der Tätigkeit, die man nachahmt.
2. Dieses Phänomen ist nur dadurch zu erklären, dass der Sinn, den eine Tätigkeit verwirklicht, einerseits in ihr enthalten ist, nämlich insofern man die nachgeahmte Tätigkeit, andererseits ihr vorgegeben ist, nämlich insofern man die nachahmende Tätigkeit ins Auge fasst.
3. Daher ist die einen Sinn verwirklichende zugleich auch die diesen Sinn vermittelnde Tätigkeit, nämlich immer dann, wenn sie nachgeahmt wird.
4. Die Nachahmung ist Tätigkeit, und nur Tätigkeit kann nachgeahmt werden. Der vermittelte Sinn wird angeeignet, indem das aneignende Subjekt die diesen Sinn verwirklichende Tätigkeit nachahmt.
5. Weil die nachahmende Tätigkeit tendenziell mit der nachgeahmten identisch ist, kann, in Bezug auf Aneignung, letztere an die Stelle der ersteren treten. Aneignung geschieht nicht nur durch nachahmende, sondern durch Tätigkeit überhaupt.
6. Im Fall, dass die Aneignung eines Sinns nicht mehr in einer nachahmenden, sondern in einer diesen Sinn unmittelbar verwirklichenden Tätigkeit besteht, muss der Charakter der vermittelnden Tätigkeit sich ändern. Diese hört auf, selber den zu vermittelnden Sinn zu verwirklichen und richtet sich ausschließlich auf die sinnverwirklichende Tätigkeit des aneignenden Subjekts. Dadurch erst konstituiert sich das Verhältnis zwischen dem Subjekt der vermittelnden und dem der aneignenden Tätigkeit als formal bestimmbares Erziehungsverhältnis. (Im Fall der bloß nachahmenden Aneignung ist es Erziehungsverhältnis in einem unbestimmten und zufälligen Sinne.)
7. Man muss nicht entscheiden, ob die mimetische Aneignung das „Urphänomen" ist, aus dem alle Aneignungsformen hervorgingen, oder ob sie eine alle anderen Aneignungsformen ständig begleitende und ergänzende ist. In beiden Fällen gibt es einen deutlichen systematischen Zusammenhang zwischen der Mimese und der Aneignung überhaupt: er besteht in der Kategorie Tätigkeit. Aneignung ist Tätigkeit.

8. Dass der Aneignende nur als tätiges Subjekt und die Aneignung nur als eigene Tätigkeit dieses Subjekts zutreffend erfasst (nämlich ernst genommen) werden kann, ist nach dem Gesagten gänzlich unbestreitbar. Einer positionellen, d. i. aus dem Willen des Erziehers genommenen, Begründung der „Subjektivität des Zöglings" und seiner notwendigen „Selbsttätigkeit" bedarf es nicht.

Zum Problem des Normalen
in der Sozialpädagogik

Habilitationsvortrag, Dezember 1970, Münster
(wiederaufgefundenes Manuskript)

Herr Dekan, meine Damen und Herren!

In jüngster Zeit richtet sich das öffentliche Interesse mit vermehrter und verstärkter Aufmerksamkeit auf Fragen der Jugendpflege und des Jugendschutzes, der Jugendkriminalität, des Jugendstrafrechts und der Jugendstrafrechtspflege, der Fürsorgeerziehung und Erziehungsberatung, also auf zentrale Gebiete jenes Erziehungsbereichs, dessen pädagogische Seite den Gegenstand der Sozialpädagogik ausmacht. In dem Maße, wie dabei erhebliche Unzulänglichkeiten und Unzuträglichkeiten der in Frage stehenden Institutionen und Verfahren sichtbar werden und das Bewusstsein nicht nur für die gesellschaftliche Bedingtheit dieses erzieherischen Bereichs, sondern auch für seine gesellschaftliche Bedeutung wächst, gerät Sozialpädagogik zunehmend in das Licht der Kritik. Hier vereinigen sich Ansätze immanenter wissenschaftlicher Kritik – als Beispiel nenne ich, zwei für alle, die neueren Arbeiten von Hermann Wenzel zur Fürsorgeerziehung und von Tilman Moser zur Jugendkriminalität – mit solchen kritischen Initiativen, die stärker von einem sozialpolitischen Engagement getragen sind und gleichsam dem sozialpädagogischen Untergrund entstammen: als Beispiel – wiederum zwei für alle, nenne ich die Aktivitäten der Heilpädagogischen Aktionsgemeinschaft Marburg und der Gruppe Sozialpädagogische Sondermaßnahmen Köln. Die Notwendigkeit, nach der Bildungskatastrophe nunmehr auch einen Erziehungsnotstand in unserer Gesellschaft auszurufen, ist vor drei Jahren bereits von dem Erziehungswissenschaftler Hans Thiersch betont worden. Beide Gestalten der Kritik geraten in Gegensatz, teils sogar in offenen Konflikt mit den bestehenden Institutionen sozialpädagogischer Praxis. Dass es unbestreitbar hervorragende erzieherische und institutionelle Einzelleistungen auf diesem Gebiet gibt, widerspricht nicht der notwendigen Klage über den Gesamtzustand; denn (mit den Worten Hans Thierschs): „Ein System ist ... nicht dann schon leistungsfähig, wenn sich einzelne in ihm bewähren können, sondern nur, wenn es die der Gesellschaft gestellten Aufgaben löst und wenn es durchschnittlich gute Leistungen selbstverständlich sein lässt." Dass dem nicht so ist, liegt auf der Hand.

Der in diesem Sinne weitgehend desolaten sozialpädagogischen Praxis korreliert eine unbefriedigende und ungenügende Gestalt gegenwärtiger sozialpädagogischer Theorie. Das wiederum ist nicht ohne Folgen für die Praxis der Kritik: die politische Kritik aus dem sozialpädagogischen Untergrund leidet durchweg an der ungenügenden Entwicklung eines kritischen sozialpädagogischen Kategorienapparates, und schießt darum leicht über ihr Ziel hinaus, und aus dem gleichen Grunde ist die wissenschaftliche Kritik häufig nicht mehr imstande, mehr als Detailreformen und Palliative zu empfehlen. Notwendig ist daher eine theoretische Selbsterklärung der Sozialpädagogik als einer, auch von anderen abgrenzbaren erziehungswissenschaftlichen Disziplin, zu allererst hinsichtlich der Bildung ihrer Kategorien und Begriffe. In diesem Rahmen stehen die Überlegungen zum Problem des Normalen, die ich hier vortragen möchte.

Eine der Ursachen für die gegebene Unklarheit und Unhandlichkeit der sozialpädagogischen Grundbegriffe scheint mir die zu sein, dass diese Grundbegriffe ein Normales als ihren Bezugspunkt voraussetzen und dass dieses Postulat eines Normalen bei der Reflexion der Grundbegriffe nicht zureichend mitreflektiert wird. Das gilt nicht nur für jene Begriffe, die das sozialpädagogische Gegenstandsfeld definieren sollen, wie: Auffälligkeit, Erziehungsschwierigkeit, Verwahrlosung oder Devianz, sondern auch für jene Begriffe, mit denen die sozialpädagogische Zielvorstellung beschrieben wird, wie: Rehabilitation, Resozialisation oder Bewährung. Die Begriffe der ersten Gruppe beziehen sich auf Etwas, dessen Verlust den jeweiligen Erziehungsfall erst zu einem sozialpädagogischen macht, und die zweite Gruppe auf Etwas, dessen Erreichung die sozialpädagogische Kompetenz (i.S. v. Zuständigkeit, J.H.) beendet.

Erlauben Sie mir, den gemeinten Zusammenhang am Beispiel des Verwahrlosungsbegriffs näher zu erläutern. Verwahrlosung ist, wie es Wilhelm Mollenhauer einmal ausgedrückt hat, ein Begriff mit Rechtsfolgen; im § 64 JWG bezeichnet eingetretene oder drohende Verwahrlosung die Voraussetzung, die gegeben sein muss, damit Fürsorgeerziehung richterlich angeordnet werden kann. Die Schwierigkeiten entstehen, wenn angegeben werden soll, was nun Verwahrlosung sei. Rechtswissenschaft und Rechtsprechung machen sich die Sache äußerst leicht, wenn sie (so der Standardkommentar zum JWG von Riedel) das Problem mit dem Begriff des Erziehungsziels verknüpfen: Verwahrlosung liegt vor, wenn die Erreichung des Erziehungsziels nicht mehr gewährleistet ist. Solche teleologische Hypostasierung eines Normalen ist in zweifacher Hinsicht fragwürdig: einmal muss sie sich konfrontieren lassen mit der erziehungswissenschaftlichen Einsicht in die Unmöglichkeit der Fixierung von Erziehungszielen, die materiell und allgemeingültig zugleich sind, zum anderen ignoriert sie die kausal-erklärende Denkweise jener sozialwissenschaftlichen und psychologischen Disziplinen, die sich mit der Erhellung der Ätiologie von Verwahrlosungssymptomen befassen, und beschwört so eine Gefahr herauf (auf welche Thiersch bereits hingewiesen hat), dass nämlich Gerichte und Fürsorgebürokratie infolge der formalistischen Denkweise der Jurisprudenz dazu neigen, die konditionale Bindung durch eine kausale zu ersetzen: nicht *wenn*, sondern *weil* ein Jugendlicher zu verwahrlosen droht, muss Fürsorgeerziehung angeordnet werden. Verwahrlosung ist jedoch kein Erklärungs- sondern ein Sammelbegriff; er bezeichnet ein Phänomen, das durch eine Vielfalt von Symptomen gekennzeichnet sein kann, sowohl Symptomen des Verhaltens – Streunen, Arbeitsscheu, Geschlechtsverkehr mit häufig wechselnden Partnern, unter Umständen Delinquenz – als auch Symptomen des Charakters – Bindungslosigkeit, Gewissensschwäche, disharmonische Persönlichkeit u. ä.

Sozialpädagogische Praxis muss sich, wenn sie realistisch sein will, nicht an der juristischen Teleologie, sondern an den Ergebnissen der Erfahrungswissenschaften orientieren, denen wir in den vergangenen Jahrzehnten zahlreiche und bedeutsame Erkenntnisse über die Ursachen und Bedingungsfaktoren der verschiedenen Verwahrlosungssymptome verdanken. So hat sich, nur um ein Beispiel zu erwähnen, Eberhard Künzels psychoanalytisch orientierte Typologie der Verwahrlosten als pädagogisch fruchtbar erwiesen, insofern sie Gelegenheit zur Differenzierung der Methoden erzieherischer Behandlung gibt. Eines aber kann auch die vollständigste und fruchtbarste Erforschung der Ätiologie von Verwahrlosung nicht leisten: nämlich die Klärung unseres theoretischen Problems des Normalen; denn all diese Untersuchungen nehmen ihren Ausgang von der komplexen Wirklichkeit ,Verwahrlosung'; indem sie sie untersuchen, setzen sie diese Wirklichkeit voraus und mit ihr auch das Normale, auf das sie sich kontrastierend bezieht. Die allenfalls mögliche Spezifizierung des Problems des Normalen entsprechend den einzelnen Forschungsansätzen (normales Verhalten, normale Entwicklung etc.) würde die Frage nur verschieben und uns überdies von der Allgemeinheit des Normalen entfernen; denn nicht als ein Spezielles, sondern als ein Allgemeines bestimmt es Anfang und Ende der sozialpädagogischen Kompetenz.

Lässt sich demnach die Problematik des Normalen auf dem Weg wissenschaftlicher Spezifizierung nicht erhellen, so erschließt sie sich vielleicht einem philosophisch disjunktiven Herangehen. Ganz offenkundig macht es einen Unterschied, ob etwas für normal gehalten wird oder ob es wirklich normal ist. Ein Bewusstsein von Normalität, also das Normale unter seinem subjektiven Aspekt, findet sich überall, in jedem Menschen, in jeder Gruppe, in jeder Gesellschaft. Wir alle hier besitzen ein solches Bewusstsein und in vielen Punkten mögen unsere Vorstellungen sogar übereinstimmen. Nun beweist die Übereinstimmung von Vorstellungen miteinander ja nichts darüber, ob sie auch mit etwas außerhalb des Bewusstseins Existierendem übereinstimmen, ob sie ein reales Objekt haben; in unserem Fall: ob es ein Normales außerhalb des Bewusstseins von ihm überhaupt gibt. Wenn nicht, wenn man also von einem Normalen unter objektivem Aspekt gar nicht sinnvoll sprechen könnte, wären wir einen Schritt weiter und könnten uns der Geschichte dieses Bewusstseins, also dem Verhältnis des subjektiv Normalen zum gesellschaftlichen Wandel und Fortschritt zuwenden.

Die kulturanthropologische Erforschung relativ einfach strukturierter und isoliert voneinander existierender Gesellschaftsformationen hat eine verwirrende Vielfalt möglicher Gestalten der Ordnung menschlichen Zusammenlebens gezeigt, die alle eigentlich nur eins miteinander gemein haben: dass nämlich eine jede dieser Ordnungen von den jeweils in ihr Lebenden als richtig, normal und natürlich empfunden wird. Es ist also gleichgültig, ob diese oder jene Definition der Geschlechtsrollen, diese oder jene Form der Arbeitsteilung, diese oder jene Form der Kinderaufzucht, diese oder jene Einstellung zur Sexualität gilt: es ist die jeweils geltende Regelung, die jeweilige Form der Gesellschaft, woran sich das Normalitätsbewusstsein orientiert. Seine Korrektur ist mangels der Möglichkeit kontrastierender Kontakte ausgeschlossen. – Mutatis mutandis dürfte diese Erkenntnis auch auf unseren Kulturstand und unserer Gesellschaftsform übertragbar sein. Ein Mutandum freilich ist, dass wir die Möglichkeit kontrastierender Kontakte besitzen, nicht nur in der Kulturanthropologie, sondern vor allem in der Geschichtlichkeit unserer gesellschaftlichen Existenz selbst. Wir sind imstande, unser jetziges Normalitätsbewusstsein mit unserem früheren zu vergleichen (als z. B. die Knabenliebe als normale Form des pädagogischen Bezugs galt); wir sind ebenso imstande, in Utopie oder Planung gegenwärtiges Bewusstsein zu transzendieren, gleichsam neue Normalität zu entwerfen. Der Naturmensch findet sich nicht unter Naturvölkern, er findet sich in der Geschichte als gesetzte Norm transzendierender Gesellschaftskritik und ist insofern ein Konstrukt des Bewusstseins (niemand hat das klarer gesehen als Rousseau selber).

Es ist in unserem Zusammenhang nicht erforderlich, auf das komplexe Problem der Normen und des Normativen in der Pädagogik einzugehen (und Herr Bokelmann wird mir nicht verübeln, dass ich es darum auch nicht tue). Setzen wir also das Normale als ein Subjektiv-Allgemeines, des jeweiligen Zeitbewusstsein und mit ihm Veränderliches, so erhebt sich ein konkreter Einwand. Die Gesellschaft pflegt ihr jeweiliges Normalitätsbewusstsein zu objektivieren, indem sie es kodifiziert. Die Frage geht also auf das Verhältnis des Normalen zur Gesetzgebung. Was für die Verwahrlosung nicht gilt, gilt ja doch auf jeden Fall für die Delinquenz: Delinquenz und Nicht-Delinquenz lassen sich anhand des Kriteriums der Übereinstimmung mit dem positiven Strafgesetz exakt voneinander unterscheiden. Ist also der Codex die objektive Gestalt des Normalen?

Die Frage ist in dieser Form nicht zu beantworten, weil der Zusammenhang zwischen Gesetzgebung und gesellschaftlichem Fortschritt nicht eindeutig bestimmbar ist. Es scheint mir nötig, zwei Typen dieses Zusammenhangs in idealtypischer Weise voneinander zu unterscheiden: den liberalistischen und den republikanischen Typ der Relation von Gesetzgebung und Fortschritt. Nach dem liberalistischen Prinzip ist die Staatsgewalt eine Instanz, die gesellschaftliche Verhältnisse nach Gesetzen ordnend zu regeln, nach republikanischem Prinzip ist sie die Instanz, die gesellschaftliche Verhältnisse durch Gesetze nach dem Gemeinwillen gestaltend zu verändern. Danach unterscheidet sich auch der Zusammenhang von Gesetzgebung und Fortschritt. Formuliert und kodifiziert der liberalistische Typ der Gesetzgebung einen gegebenen Zustand gesellschaftlicher Entwicklung und des Bewusstseins von ihr und überlässt die Weiterentwicklung der Verhältnisse sozusagen den Verhältnissen selbst, so geht republikanische Gesetzgebung darauf aus, auf dem Wege legislativer Antizipation veränderte Verhältnisse und verändertes Bewusstsein gesetzlich hervorzubringen. Das wird konkret deutlich, wenn man versucht den Zeitpunkt zu bestimmen, an welchem Gesetze geändert werden müssen. Beim ersten Typ ist das dann der Fall, wenn der Abstand der wirklichen Verhältnisse zur kodifizierten Norm nachgerade unerträglich geworden ist: das Gesetz wird modernisiert, *damit* es den veränderten Verhältnissen entspreche. Beim zweiten Typ ist die Änderung dann notwendig, wenn das Gesetz die Verhältnisse erfolgreich auf seinen eigenen Stand gebracht hat, also: sobald die Verhältnisse dem Gesetz entsprechen, ist das Gesetz zu ändern. Als Beispiel für das Ganze dieser Problematik kann das neue Eherecht dienen. Dem Entwurf des Bundesjustizministers wird zu Recht vorgeworfen, es sei widersprüchlich; zu Recht insofern, als in ihm liberalistische und republikanische Momente miteinander verquickt sind. Man ist dabei, den Entwurf zu harmonisieren, freilich zu schaden seiner republikanischen Züge. – Der Codex kann also nicht als objektive Gestalt des Normalen angesehen werden; der Codex des liberalistischen Typs darum nicht, weil er prinzipiell das immer veraltende, geschichtlich zurückgebliebene Normale darstellt; der Codex des republikanischen Typs darum nicht, weil er durch seine Intention, Normalität zu transzendieren, bereits definiert ist.

Das Normale als der Fundamentalbezug von Sozialpädagogik beginnt verdächtig zu werden. Recherchen zur Betätigung oder Entkräftigung des Verdachts sind durch die Tatsache erschwert, dass die Problematik des Normalen in der sozialpädagogischen Theorie kaum thematisiert worden ist. Im sozialpädagogischen Selbstverständnis ist sie dafür von einer kaum fassbaren Allgegenwart. Um davon einen Zipfel zu erhaschen, will ich von einer geläufigen metaphorischen Wendung der sozialpädagogischen Umgangssprache ausgehen: von der Metapher der sozialen Gesundheit. Sie taucht vornehmlich dort auf, wo von der Motivation helfender, pflegender und fürsorgender Tätigkeit die Rede ist. Der Gesellschaftskörper erscheint als krank, Erziehungsschwierigkeit, Verwahrlosung, Kriminalität als Symptome dieser Krankheit, und die Aufgabe ist, das gestrauchelte, an der Gesellschaft krank gewordene Individuum zu bessern und auf diesem Wege die kranke Gesellschaft wieder gesund zu machen. Die Sozialarbeiter aller Sparten bedürfen auch, angesichts der Schwere ihrer Arbeit und der Dürftigkeit ihrer Bezüge, einer solchen zusätzlichen Motivation ihres Tuns, eines kompensatorischen Bewusstseins, das ihnen gestattet, ihre Arbeit mit der Weihe des Therapeutischen zu verklären.

Diesem Bedürfnis kommt die Gesundheitsmetapher entgegen, aber es erklärt allein noch nicht ihren ideologischen Charakter, der vielmehr in der historischen Ursprungssituation von Sozialpädagogik aufgesucht werden muss, um allgemein erklärbar zu sein. (In Parenthese sei erwähnt, dass die metaphorische Gleichsetzung der Gesellschaft mit einem lebenden Organismus sozusagen das reine Paradigma von Ideologie überhaupt abgibt: in Gestalt nämlich jener berühmten Fabel von dem Bauch und den Gliedern, mit deren Hilfe es der Legende nach dem Patrizier Menenius Agrippa gelungen sein soll, die auf dem Heiligen Berg versammelten streikenden Plebejer in die Stadt und an ihre Arbeit zurückzuholen). – Die Entstehungssituation der sozialpädagogischen Fragestellung im 19. Jahrhundert ist von den verdienstlichen Arbeiten von Klaus Mollenhauer und Julius Krämer geschichtlich analysiert worden; ihre Ergebnisse sollten in stärkerem Maße als geschehen für die sozialpädagogische Theoriebildung genutzt werden. Das kann hier nicht geschehen, vielmehr soll es darum gehen, das die sozialpädagogische Tätigkeit motivierende Bewusstsein der gesellschaftlichen Entartung und Erkrankung ideologiekritisch zu durchleuchten.

Der Ursprung der Sozialpädagogik steht in engem Zusammenhang mit der Herausbildung und Entfaltung der bürgerlichen Gesellschaft, und zwar waren es die Erfordernisse der kapitalistischen Produktionsweise (schon in der Epoche der Manufaktur, aber in höherem Grade erst mit der beginnenden Industrie), die solche sozialen Verhältnisse hervorbrachten, auf welche die Sozialpädagogik sich als eine Antwort verstand. Nach Karl Marx muss, damit Geld sich in Kapital verwandeln kann, eine Voraussetzung gegeben sein: dass nämlich (verkürzt gesagt) auf dem Markt eine bestimmte Ware vorhanden und frei verfügbar ist, deren Gebrauchswert auf ihrer besonderen Eigenschaft beruht, Werte hervorbringen zu können. Diese Ware ist die Arbeitskraft. Damit auf kapitalistische Weise produziert werden konnte, war also ein sozial neuer Typ des arbeitenden Menschen gefordert: der jederzeit und allerorten verfügbare freie Verkäufer von Arbeitskraft. Die gesellschaftlichen Lebensformen der vorkapitalistischen Zeit mit der Einbettung und Bindung des Menschen an überschaubare und strukturierte soziale Gebilde, an Zunft, Familie, Nachbarschaft, Gemeinde mit ihren auch pädagogisch so sinnvollen und effizienten engen und zugleich differenzierten gesellschaftlichen Kontakten standen der Herausbildung dieses neuen Arbeitertyps hindernd im Wege; seine abstrakte Befreiung setzte ihr Absterben voraus. An die Stelle der menschlichen Gebundenheit trat die abstrakte Allgemeinheit des Arbeitsmarktes, auf dem jeder Verkäufer von Arbeitskraft mit jedem seinesgleichen konkurriert. Mit dieser Entwicklung verfielen auch die Möglichkeiten gegenseitiger Hilfe und menschlichen Haltes, die Familie verkam auf ihre kapitalistisch sinnvolle Funktion, die „Verewigung der Rasse" (Marx) zu gewährleisten. Die abstrakte

Freiheit war nicht mehr zu versinnlichen, die neue ethische Möglichkeit der proletarischen Solidarität noch nicht existent.

Dies ist, wenn wir solcher kritischen Analyse der politischen Ökonomie einmal folgen wollen, die allgemeinste Formel der objektiven gesellschaftlichen Situation, auf welche die entstehende Sozialpädagogik eine Antwort sein wollte. Ich möchte Ihnen nun deutlich machen, dass diese Antwort von vorn herein in sich zwiespältig und widersprüchlich war, insofern sich mit der klaren Erkenntnis vom geschichtlichen Lauf des Rades die Illusion verband, diesen Lauf aufhalten oder sogar zurückdrehen zu können. Eine der frühesten Einrichtungen der Fürsorgeerziehung war das Rauhe Haus in Hamburg, zu dessen Eröffnung 1833 Johann Hinrich Wichern einige bemerkenswerte Worte gesprochen hat, die für die Einstellung der ersten sozialpädagogischen Generation exemplarisch stehen können. Wichern stellt fest, „daß die Entartung und Entsittlichung des untersten Volkes auf eine Besorgnis erregende Weise in dem größten Teil der gebildeten Welt überhandgenommen hat" und dass ganz besonders „die Armen-Jugend an dieser allgemeinen Entsittlichung teilhat, verwahrlost wird und verwildert". Unter den Gründen für diese Erscheinung nennt er das „zerstörte ... Familienleben", den „Druck ... der Armut; die äußere Not der Familie" und die „Vereinzelungssucht, Eigensucht und Eigenliebe, mit einem Wort, das Aufhören der Gemeinschaft in der Liebe". Es ist ganz deutlich, dass wir hier eine hellsichtige und klare Beschreibung der menschlichen Gefährdung in der proletarischen Existenz vor uns haben. Ohne Schwierigkeiten ließen sich diese Worte Wicherns in die Sprache der Kritik der politischen Ökonomie, wie sie vorhin benutzt wurde, übersetzen. Das ist jedoch nur die eine, die realistische Seite. Die andere, die romantische Mystifikation, steckt in der Weise, wie die Erziehung, die solche Gefährdungen kontern soll, konzipiert ist. Ihre Aufgabe ist nämlich: „möglichst den alten Familienstamm abzubrechen und in den Kindern ein mit gesunder, frischer Lebenskraft ausgerüstetes Geschlecht wieder darzustellen". Zu diesem Zweck muss die Erziehung so organisiert sein, dass „sie einerseits zu dem Falschen und Verderbten den möglichst reinen und scharfen Gegensatz darstellt, andererseits das in den Lebensverhältnissen des Volkes noch ruhende und unaustilgbare Gute und Echte mit Liebe und Achtung auffaßt, in sich aufnimmt und möglichst rein zu entwickeln wenigstens imstande ist." – Dies, m.D.u.H., ist die therapeutische Sprache, um die es hier geht, sind die Kategorien von Medikament und Gesundheit. Das Ziel der Kur sind die Tugenden: „Keuschheit und Zucht, Treue und Fleiß, Ehrerbietung und Gehorsam, Frieden und Freude". – Hier entdeckt sich, als der ideologische Kern der sozialpädagogischen Selbsttäuschung, das Normale – in der Gestalt einer geschichtlich überholten, unwiederbringlichen Gesellschaftsform und der ihr zugehörigen Werte.

Die regressive Kapitalismuskritik der kirchlichen Sozialbewegungen des 19. Jahrhunderts begründet also auch das Entstehen der Sozialpädagogik, die ja mit diesen Bewegungen personell und institutionell eng verbunden gewesen ist. Sie hat sich bis heute recht schwer damit getan, dieses Erbe ihrer Frühzeit zu überwinden. Aus dem Schielen nach der guten Feudalität, dieser sozialpädagogischen Perspektive, muss der Übergang von der feudalen zur bürgerlichen Gesellschaft nicht als Entstehung einer prinzipiell neuen Gesellschaftsform, sondern als Entartung der alten erscheinen; der Kapitalismus, das sind die Schwären und der Aussatz an dem grundsätzlich noch heilbaren gesellschaftlichen Körper; die Mutation wird als Krankheit diagnostiziert und behandelt.

Zurück zum Erziehungsnotstand der Gegenwart. Um seiner Herr zu werden, wird die Sozialpädagogik bereit sein müssen, sich selbst auf den gegenwärtigen Entwicklungsstand der bürgerlichen Gesellschaft zu erheben und die Orientierung an der heilen, vorkapitalistischen Welt aufzugeben. Das gilt für die Theorie ebenso wie für die Institutionen der Praxis; in beiden Bereichen gilt es Schluss zu machen mit der homöopathischen Sozialpfuscherei. In der sozialpädagogischen Theorie sind die Ansätze dazu deutlicher, die Möglichkeiten wohl auch größer. So plädiert Klaus Mollenhauer dafür, nicht mehr von den Konflikten auszugehen, die die Gesellschaft mit ihrer Vorgängerin, sondern von denen, die sie mit sich selbst hat; und seit vielen Jahren bemüht sich Ernst Bornemann, die sozialpädagogische Beschränktheit auf den Not- und Krisenfall zu überwinden.

In der Praxis ist der Abschied von der Kategorie des Normalen weitaus schwieriger, aber von höchster Dringlichkeit. Erlauben Sie mir ein abschließendes Beispiel. Die öffentliche Fürsorgeerziehung will nach ihrem Selbstverständnis Kindern und Jugendlichen, die Schwierigkeiten machen, weil sie welche haben, bei der Überwindung und Bewältigung dieser Schwierigkeiten helfen. In Wirklichkeit jedoch stellt sie eine schwerwiegende Diffamierung des Zöglings und seiner Eltern dar. Unter dem Einfluss der Kategorie des Normalen und Nicht-Normalen enthält die Feststellung eingetretener oder drohender Verwahrlosung nach § 64 JWG einen gravierenden Schuldvorwurf gegen den Zögling und seine Familie. Unter diesen Umständen muss die Fürsorgeerziehung als eine besondere Form der Strafe erscheinen (und von den Betroffenen wird sie weitgehend auch so aufgefasst). Ihre abschreckende Wirkung richtet sich tendenziell auf die gesamte proletarische Jugend im Sinne einer repressiven Disziplinierung. Dass Erziehung, die als Strafe erscheint, in sich selbst kaum noch Möglichkeiten besitzt, erfolgreich zu sein, liegt auf der Hand. Die Destruktion der Kategorie des Normalen wäre ein wesentlicher Beitrag zur Normalisierung sozialpädagogischer Praxis.

II. Werdendes Wissen – die studentischen Anfänge im pädagogischen Denken von Wolfgang Sünkel

Der zweite Komplex an Texten legt hauptsächlich Zeugnis davon ab, wie die geisteswissenschaftliche Pädagogik und die Existenzphilosophie Wolfgang Sünkel in seinem pädagogischen Denken anfangs geprägt hat. Während einige zentrale Fragestellungen erhalten bleiben und später ausdifferenziert werden, wird bereits ein gewisses Unbehagen mit manchen Begrifflichkeiten, Schwerpunktsetzungen, idealistischen Verklärungen und dem berühmten „Jargon der Eigentlichkeit" (Adorno) spürbar.

So zeigt sich etwa in der Seminararbeit über *Eduard Spranger, Umrisse der philosophischen Pädagogik* bereits eine Frage, die ihn sein akademisches Leben lang beschäftigt hat: „Was ist Erziehung und wie steht sie im Ganzen der Kultur?". Auch sein besonderer phänomenologischer Zugang und der Anspruch das Wesentliche der Erziehung als Tatsache zu ergründen, wurzelt in dieser Zeit. „Wenn wir eine Tatsache als zum Bereich der Erziehung gehörig betrachten, setzen wir ja schon voraus, dass es ein ewiges Wesen der Erziehung gibt." – heißt es in dem Text. Im Studium spricht Sünkel noch – ganz geisteswissenschaftlich – von „objektiven Gebilden" der Kultur. Nach dem Studium einer materialistisch geprägten Anthropologie findet Sünkel zu seiner Präzisierung der „nicht-genetische[n] Tätigkeitsdispositionen" – die in verschiedenen Gestalten des dritten Faktors fassbar werden. Dann plädiert er auch für eine klare und entschiedene Entflechtung von normativen Fragen und den sachlichen, wesentlichen Bestimmungen von Erziehung. In Gesprächen legte er gerne und unmissverständlich Wert auf seine systematische Einordnung des pädagogischen Bezugs als Gamma-Beziehung, die anders als bei Nohl in der Theorie der Erziehung hinter die wesentlichen Verhältnisbestimmungen zurücktritt.

Die Seminararbeit zum Thema *Das Umgreifende und Die Bildung bei Karl Jaspers* ist in die Auswahl aufgenommen worden, weil sie die solide Auseinandersetzung mit dem Lehrer Karl Jaspers und dem Rezipienten dokumentiert. Die systematische Vortragsweise von Wolfgang Sünkel lässt sich an diesem Beispiel ebenfalls studieren und in späteren Texten wiedererkennen. Vom Bildungsbegriff hat er sich später immer wieder distanziert, ob die hier versammelten Überlegungen und die Schwierigkeiten, die aus existenzphilosophischer Sicht bereits anklingen, eine Rolle gespielt haben, muss offenbleiben.

Bleibt noch das Referat aus dem Jahre 1960 über *Autonomie und Heteronomie der Erziehung in Schleiermachers Pädagogik*, das als solide Folie für das tiefere Verständnis der Aussagen stehen kann, die Wolfgang Sünkel über das Erziehungsfeld in dem Skriptum zu seiner Vorlesung noch autorisieren, aber nicht selbst vollenden konnte.

Eduard Spranger, Umrisse der philosophischen Pädagogik

Internationale Zeitschrift für Erziehungswissenschaft, Jg. 1933/34, pp 160 ff., 332 ff., 448 ff.
Seminarreferat, Münster, Wintersemester 1956/57

„Erziehung ist eine Seite des großen Lebenszusammenhangs, den wir Kultur nennen." Die allgemeine Erziehungswissenschaft muss sich also auf eine allgemeine Kulturphilosophie gründen. Sprangers Kulturphilosophie kann hier nicht im Einzelnen ausgeführt werden, nur so viel ist anzudeuten, wie für das Weitere unmittelbar wichtig ist.

Unter Kulturphilosophie pflegt man die Lehre von den Strukturen der Kulturerscheinungen zu verstehen. Bei Spranger gehören noch zwei andere Gebiete dazu: nämlich

1. die allgemeine philosophische Anthropologie und
2. die Ethik.

Zum ersten: Nach Sprangers Ansatz ist der Mensch auf jeder Stufe seiner Entwicklung wesensbestimmt als Kulturträger, so dass das Wesen des Menschenaus dem Wesen der Kultur heraus gedeutet werden muss. Zum zweiten: Eine autonome Ethik gibt es bei Spranger nicht. (Das hängt mit dem früher besprochenen humboldtschen Übergang von der Idee der Sittlichkeit zu sittlichen Idealen zusammen). Diese sittlichen Ideale erhalten ihre Verbindlichkeit aus ihrer allgemeinen Anerkennung in dem jeweiligen Kulturverband.

Dadurch, dass Anthropologie und Ethik Bestandteile der Kulturphilosophie sind, ist die Methode des sprangerschen Kulturdenkens bestimmt: es ist die induktive, denn eine Deduktion der Kulturstrukturen aus einer formalen Anthropologie (denkbar wäre eine solche Umkehrung von Sprangers Ansatz) ist durch diesen Ansatz ausgeschlossen. Das ist wichtig für die erziehungswissenschaftliche Methodik.

Die Zentralbegriffe der Kulturphilosophie sind ‚Sinn' und ‚Wert'. Jeder Gegenstand unserer Welt, ob realen oder idealen Charakters, trägt einen Sinn in sich. Der Mensch lebt in einer umfassenden, überindividuellen Sinnordnung, an der er nur bis zu einem gewissen Grade selbst teilhaben kann. Dass freilich ein teilweises Verstehen möglich ist, zeigt, wie durch die Struktur unseres subjektiven Geistes die objektive Geistordnung hindurchwirkt.

Sinn hat ein Gegenstand nur, wenn er in Beziehung steht zu einem sinnerlebenden Subjekt. In solchen Relationen lebt die Kultur. Jede Relation aber, die zwischen Subjekt und Objekt wie die zwischen personalen Subjekten, trägt einen Wertcharakter (nützlich, schädlich, schön, hässlich, zutreffend, unzutreffend u. a. m.) Diese Werte begründen, von den Werten her erfassen wir den Sinn: *der Wert konstituiert die jeweils besondere Kulturrelation.*

Zu jedem Wert gehört ein Bezirk des geistigen Lebens, für den dieser Wert strukturgebend ist: zum Nützlichkeitswert der Wirtschaftsbezirk, zum Schönheitswert der ästhetische Bezirk u.s.w.

Der pädagogische Wert erschließt sich uns, wenn wir fragen: Was ist Erziehung und wie steht sie im Ganzen der Kultur? Um diese Frage zu beantworten, muss die Methode des Vorgehens geklärt werden. Sie entspricht der induktiven Methode der Kulturphilosophie:

1. müssen historisch und deskriptiv die Tatsachen festgestellt werden: In welchen Gestalten finden wir Erziehung in der Geschichte und in der jeweiligen Gegenwart?
2. Wenn wir eine Tatsache als zum Bereich der Erziehung gehörig betrachten, setzen wir ja schon voraus, dass es ein ewiges Wesen der Erziehung gibt.

Es kommt nun darauf an, an der historischen Realität analysierend und variierend die schlichtweg wesenskonstituierenden Faktoren herauszuheben. Es lassen sich in Gedanken dann auch ewige Typen der Erziehung konstruieren. Diese Typen heißen Idealtypen. (Die Idealtypen dürfen nicht verwechselt werden mit den Epochaltypen, den typischen Zügen der Erziehung in einer bestimmten Epoche. Für die praktische Anwendung der pädagogischen Theorie kommt es darauf an, den Epochaltypus unserer jeweiligen Gegenwart zu erfassen.)

Die Aufgabe der philosophischen Pädagogik ist, das ewige Wesen der Erziehung und die Idealtypen festzustellen.

Kultur wird immer getragen von zusammenlebenden Menschen. Aber sie erschöpft sich nicht in diesen ‚kultivierten Subjekten‘, sondern dazu tritt eine Fülle von sinnhaltigen Gebilden, die man die objektive Kultur oder den objektiven Geist nennt. Jedoch können diese Kulturgebilde nicht losgelöst von lebendigen Subjekten vorgestellt werden. Nur im Hinblick auf diese, d. h. nur in Relationen, lebt die Kultur: objektive Gebilde werden in Subjekten aktualisiert. – Die subjektiven Träger und Empfänger von Kultur sind Menschen, die geboren werden, sterben und dazwischen eine physiologisch bedingte Entwicklung durchmachen. Jedes Individuum muss fast an dem Nullpunkt der Kultur wieder anfangen. Dadurch wird Erziehung notwendig.

Das Leben der Kultur beruht auf Bezügen in drei Richtungen: 1. Auf Subjekt-Objekt-Beziehungen zwischen Personen und sinnhaltigen Sachgebilden, 2. auf intersubjektiven Beziehungen zwischen reifen Kulturträgern, 3. auf dem Generationenwechsel und der Entwicklung jedes Individuums von primitivster Geistigkeit zu mehr oder weniger kulturerfülltem Zustande. Der dritte Bezug bedingt die Notwendigkeit einer *Entwicklungshilfe*. In dem sich entwickelnden Subjekt müssen Kulturverständnis, Kulturempfindlichkeit und kulturelle Wirkungsfähigkeit belebt werden. Wenn diese Belebung mit Absicht und planvoll geschieht, sprechen wir von Erziehung.

Erziehung meint durch die einzelne geforderte Leistung hindurch das Ganze des sich entwickelnden Menschen. Sie will in Gesinnungen, d. h. in Werthaltungen eingreifen. Dieses in die Tiefe Vordringen nennt Spranger das „unverlierbar humanistische Element in der Erziehung".

Jetzt können wir die Frage, was Erziehung sei, beantworten: „Erziehung ist diejenige bewußte Kulturtätigkeit, die Entwicklungshilfe leistet mit dem Ziel, daß der Mensch den Sinn und den sittlichen Gehalt seiner ihm erreichbaren Kulturwelt aus eigener echter Gesinnung und Kraft erfasse, bewerte und gestalte."

Die allgemeine Kulturphilosophie unterscheidet Kulturträger (als personale Subjekte), Kulturgüter (als werthaltige Gebilde des objektiven Geistes) und die Kulturideale (als kollektiv und persönlich bejahte Leitbilder ethischen Wollens). Diese drei Seiten der Kultur erfahren eine Neuakzentuierung, wenn sie nur unter pädagogischem Aspekt gesehen werden. Im Erziehungsvorgang wird der Kulturträger zum *Bildner* und zum *Zögling*. Das Kulturgut wird – nicht als Mittel, sondern als formende Lebensmacht zum *Bildungsgut*, der ihm innewohnende Wert zum *Bildungswert*. (Der Bildungswert ist nach Spranger die fruchtbare Bedeutsamkeit des Bildungsgutes für den Bildungsprozess). Die Kulturideale verwandeln sich in Bildungsideale, wenn sie nicht mehr einen geforderten Zustand der Gesamtkultur meinen, sondern eine ideale innere Gestalt der Personen, die Kulturträger werden sollen. Die Gemeinschaft von Erzieher und Zögling wird zum Urmodell der *Bildungsgemeinschaft*; auch andere Kulturverbände können eine pädagogische Seitenfunktion üben und so zu Bildungsgemeinschaften zu werden.

Unter pädagogischem Aspekt erhält der gesamte kulturelle Lebenszusammenhang eine neue Struktur. Nach dieser Struktur muss sich die Pädagogik als Wissenschaft richten. Es ergibt sich folgende Gliederung: Die Pädagogik hat ...

1. eine *geisteswissenschaftliche* Seite, sofern sie von Bildungsgütern und ihren spezifischen Bildungswerten handelt, sie hat
2. eine *psychologische* Seite, sofern sie von dem Bildungswillen des Erziehers und von den Bedingungen der Bildsamkeit des Zöglings handelt, sie hat
3. eine *normative* Seite, sofern sie Bildungsideale kritisiert, die Anspruch auf Geltung erheben, sie hat
4. eine *soziologische* Seite, sofern sie die Struktur und das Leben von Bildungsgemeinschaften untersucht.

Alle diese Seiten sind in gleicher Weise und gleichzeitig in der Erziehung wirksam. Keine ist für sich zu betrachten. Ihre Differenzierung ist notwendig, um das Ganze der Erziehung begrifflich erfassen zu können.

Das Grundproblem der Erziehung ist die Frage der Bildsamkeit. An diesen logischen Ort (die *psychologische* Seite der Pädagogik) gehört Sprangers Grundlegung einer ‚Psychologie des Verstehens'. Die Einzelheiten bleiben späteren Referaten vorbehalten.

Zur *normativen* Seite der Pädagogik kommen wir, wenn wir die Motive des Erziehers betrachten. Vorgeformt liegen sie in einem Pflegeinstinkt. Dazu kommt ein Machtwille (es sind die eigenen Kinder), auch ein wirtschaftlicher Machtwille (man erzieht sich Helfer) und ästhetische Freude am jungen Menschen. Aber im Grunde sind es religiöse und metaphysische Motive. „Man steht in Andacht vor dem Wunder ... des sich immer verjüngenden Lebens. Es ist ein Geschenk der Gottheit." Erziehung ist also eine Kulthandlung und sittliche Pflicht. Ihre bewusste Rechtfertigung findet sie erst in religiöser Dogmatik und metaphysischen Erwägungen. Der Erzieher handelt nie im eigenen Auftrag, sondern immer *in Mission*. Über dem Erzieher und dem Zögling steht ein höheres Drittes, zu dessen Dienst sie verpflichtet, in dessen Geist sie aneinander gebunden sind. Was dieses höhere Dritte im Einzelnen ist, hängt davon ab, welcher Wert in der jeweiligen Kultur bestimmend ist. In der personalen Berührung zwischen Erzieher und Zögling, dem ‚pädagogischen Bezug' (Nohl), leuchtet das Überpersönliche auf. Der Erzieher muss den Zögling es in sich selbst finden lassen.

Bei der Betrachtung der *soziologischen* Seite der Pädagogik ist zu unterscheiden zwischen soziologischer Pädagogik und pädagogischer Soziologie.

Soziologische Pädagogik ist „die Erörterung der pädagogischen Lebenserscheinungen in ihrer Bedingtheit durch die zugehörige Gesamtgesellschaft und ihre Strukturen". (Die Erziehung ist eine andere im Rahmen der Geschlechterverfassung und der industriellen Klassengesellschaft, sie ist anders in heilen als in Krisenzeiten.) Die *pädagogische Soziologie* dagegen fragt „nach den Gesellschaftsformen, die selbst als ausdrückliche kollektive Träger eines Erziehungswillens (als Erziehungssubjekte) auftreten. Der bisher isoliert gesehene Erzieher wird dann zum Repräsentanten der betreffenden Gemeinschaft, zieht aus ihr seinen Erziehungsgeist, handelt in ihrem Sinne oder in ihrem Auftrage". Hier ist der logische Ort für eine Theorie der Schule oder der Schulverfassungslehre und Schulpolitik.

Die *geisteswissenschaftliche* Seite der Pädagogik hat es mit den Bildungsgütern zu tun, durch die und für die erzogen wird. Da sie immer gesellschaftlicher und historischer Art sind, greifen sie in- und übereinander und erzeugen Spannungen. Im Sprachgebrauch ordnen wir sie in den technischen, den theoretischen, den ästhetischen, den religiösen, den sozialen und politischen Bezirk. Die Bewährung dieser Unterscheidungen im Gebrauch rechtfertigt sie; die ihnen zugrundeliegenden Elementarvorgänge sind noch nicht erkannt. Sehen wir diese Bezirke der objektiven Kultur in Beziehung auf die Kultursubjekte, so gewinnen wir Werte, welche die verschiedenen Relationen konstituieren: den Nützlichkeitswert, den Erkenntniswert, den ästhetischen Wert, den sozialen Wert. Diese Werte sind strukturgebend für bestimmte unterschiedene Typen der Erziehung, für die *Idealtypen*.

Sie sind zeitlos, wie die sie strukturierenden Werte zeitlos sind. Die unterschiedenen Idealtypen bestehen nicht unabhängig und gesondert voneinander, sondern ihr Zueinander und ihre Ordnung machen den organischen Totalverband der Erziehung aus. Der Nützlichkeitswert konstituiert den utilitaristischen Typus der Erziehung, der Erkenntniswert den theoretischen, der ästhetische Wert den ästhetischen (musischen) Typus, der Wert ,Liebe' den sozialen Typus der Erziehung. Diese Typen sind in der Erfahrung gut erkennbar, dann nämlich, wenn in einer bestimmten Epoche und einem bestimmten Kulturverband einer dieser Werte zum beherrschenden wird und die anderen zurückdrängt.

Zum Schluss eine zusammenfassende Bemerkung über Sprangers Entwurf: Im Zerbrechen der Kultur in unserer Zeit muss die Kulturphilosophie wieder kritischer werden, als sie es bei Spranger ist. Wenn der Kulturbegriff fragwürdig geworden ist, kann man auf ihn kein Erziehungssystem, das Gültigkeit haben soll, mehr gründen. Doch davon abgesehen: die Struktur einer Pädagogik, die Wissenschaft sein will, kann nicht abhängig sein von veränderlichen Gegebenheiten, kann sich also nicht auf eine induktive Kulturphilosophie stützen. Ja, wenn man genau hinsieht, stellt man fest, dass sich die sprangersche Struktur der Pädagogik eigentlich gar nicht auf den integren Gesamtkomplex seiner Kulturphilosophie gründet, sondern letzten Endes nur auf deren anthropologischen Bestandteil, zu dem der kulturelle und ethische Aspekt erst in zweiter Linie hinzutritt. Damit geschieht etwas, was Spranger in seinem Ansatz eigentlich gar nicht will, nämlich: die Anthropologie löst sich – unter pädagogischem Aspekt – unversehens aus dem Gesamtkomplex der Kulturphilosophie heraus und rutscht gewissermaßen darunter, wird zu ihrer Grundlage. Dass eine solche Grundlage nicht ex ovo entwickelt worden ist, gibt Sprangers pädagogischem System formal eine gewisse Labilität und zeigt, wie stark Spranger noch von der historisch ausgerichteten Denktradition des 19. Jahrhunderts bestimmt ist.

Das Umgreifende und Die Bildung bei Karl Jaspers

Seminarreferat, Münster, Sommersemester 1957

Karl Jaspers hält wissenschaftliche Anthropologie für ein sinnloses Unterfangen, denn der Mensch kann niemals als Objekt einer Einzelwissenschaft ganz begriffen werden. Diese Behauptung ist nun aber ein ausgesprochen anthropologischer Satz, im Sinne einer rein philosophischen Anthropologie. In der Tat treffen wir bei Jaspers auf eine Philosophie, die zentral anthropologisch ist und damit in ihrer systematischen Ganzheit von großer Bedeutung auch für das pädagogische Denken sein kann.

Es handelt sich um eine metaphysische Anthropologie, in der der Mensch als Umgreifendes gedacht wird, und um ihre konkret-geschichtliche Verwirklichung in der Bildung.

Dem Referat liegt zugrunde ausschließlich der erste und bisher einzige Band seiner „Philosophischen Logik" mit dem Titel „Von der Wahrheit". Hier haben wir gewissermaßen den klassischen Jaspers vor uns; er nennt dieses Werk selbst die zusammenfassende Systematik seines Philosophierens. Es kommt nun darauf an, diese Systematik als anthropologisch zu interpretieren und weiter seinen Bildungsbegriff im Zusammenhang der Systematik darzustellen. Ich sage: Bildungsbegriff: das ist nicht ganz richtig, denn es handelt sich bei Jaspers um zwei durchaus unterschiedene Bildungsbegriffe. So ergibt sich die Gliederung des Referates:

- In einem ersten Teil soll die metaphysische Anthropologie dargestellt werden unter der Überschrift: Der Mensch als Umgreifendes,
- im zweiten Teil die konkret-geschichtliche Verwirklichung des Umgreifendseins des Menschen in der Bildung, und zwar:
  a) als Bildung vor der Welt und
  b) als Bildung vor der Wahrheit.

Für den zweiten Teil ist als Sekundärliteratur zu nennen Anton Mayer, Karl Jaspers' Erziehungsphilosophie (Bildung und Existenz) Phil. Diss. Erlangen 1955, und eine Zusammenfassung dieser Dissertation, welche der Autor in der Zeitschrift „Erziehung und Bildung" vom März dieses Jahres veröffentlicht hat. Ich vermag den Interpretationen Mayers nicht in allen Punkten zu folgen und werde an den entsprechenden Stellen darauf hinweisen.

1. Der Mensch als Umgreifendes

Gestatten Sie mir, in wenigen Sätzen Ihnen den Grundansatz der Philosophie des Umgreifenden ins Gedächtnis zurückzurufen.

Als das Umgreifende bezeichnet Jaspers dasjenige, was selbst niemals wissbar werdend, jenseits aller Horizonte möglicher Wissbarkeit liegt; das, was niemals Gegenstand sein kann, aus dem heraus aber immer Neues als Gegenstand für uns erkennbar wird; das, was alles Forschen und Denken dauernd anreizt, den Horizont zu erweitern, ohne aber die Horizonthaftigkeit selbst je überschreiten zu können. Da das Umgreifende nicht gegenständlich erkennbar ist, können keine Aussagen darüber gemacht werden, kann nichts darüber mitgeteilt werden. Es kann also auch nicht gesagt werden, es sei eine Einheit, oder es sei eine Vielheit.

Trotzdem sagt Jaspers, dass es eine Einheit sei. Diese *Setzung der Einheit des Umgreifenden* ist der Kernpunkt seiner ganzen philosophischen Systematik. Sie müssen wir stets im Auge behalten, wenn wir Jaspers überhaupt verstehen wollen. Wir müssen die Setzung annehmen, jedenfalls solange wir uns mit Jaspers beschäftigen.

Das eine Umgreifende können wir nicht erkennen, aber wir können es erhellen. (Erhellen bedeutet hier etwas grundsätzlich anderes als in der Sprache der philosophischen Aufklärung. Es bedeutet nicht logisches Einsichtig-machen, sondern „Fühlbar-machen" durch Anrufung und Umschreibung.)

Wollen wir aber das eine Umgreifende im Denken fühlbar machen, erhellen, so müssen wir es gliedern, es unterscheiden als die Weisen des Umgreifenden. Solche Unterscheidungen, da sie nur Hilfsmittel der Erhellung sind, können freilich nur vorläufig sein, sie müssen dauernd wieder aufgehoben werden, damit die Einheit aller Weisen des Umgreifenden nicht verloren geht: man darf unterscheiden nur mit dem Bewusstsein der Einheit.

Welches sind die Weisen des Umgreifenden?

Man kann es unterscheiden, in die Weisen des Umgreifenden, das das Sein ist – Welt und Transzendenz –, und in die Weisen des Umgreifenden, das wir sind – als Dasein, Bewusstsein überhaupt, Geist und Existenz. Hier sehen wir den Ansatz von Jaspers' metaphysischer Anthropologie: der Mensch als Umgreifendes.

Die Weisen des Umgreifenden sind unterschieden nur durch die Verschiedenartigkeit ihrer Beziehungen zueinander. Dadurch unterscheiden sie sich grundsätzlich von prinzipbedingten Ordnungen, etwa der Stufenordnung des Seins bei Nicolai Hartmann oder dem Werteschema bei Max Scheler. Da sie unterschieden sind nur als Erhellungshilfen, können sie gar nicht in einer festen Ordnung zueinander stehen. Wenn Anton Mayer hier eine direkte Entsprechung zu Nicolai Hartmann sieht, so halte ich das für eine Fehlinterpretation.

Betrachten wir die metaphysische Anthropologie näher. Welches sind die Weisen des Umgreifenden, das wir sind?

Dasein ist das Umgreifende des vitalen Lebensvollzuges im Fühlen und Wollen, *Bewusstsein überhaupt* das Umgreifende des Denkens. Das Bewusstsein überhaupt ist der Ort der Erkenntnisse, der Kategorien und damit der Möglichkeit allgemeingültiger Aussagen, der Sprache und damit der Mitteilbarkeit. Das Bewusstsein überhaupt ist Form: seinen Inhalt erhält es aus allen anderen Weisen des Umgreifenden.

„Geist ist das Umgreifende, das wir als Wesen sind, welche in der Bewegung des Verstehens und Verstandenwerdens Ganzheit verwirklichen sowohl in der Innerlichkeit wie als eine von ihm durchdrungene Welt." (71) Der Geist ist der Ort der Ideen, aus denen heraus er Einheit stiftet im Immanenten, der Ort der für den Menschen wesentlichen Gehalte, der Symbole, der Bilder. Seine ständige Bewegung ist die Verwirklichung der Ganzheit des Menschen. (In der systematischen Entfaltung dieser Stelle werden wir auf den Bildungsbegriff a) stoßen.)

Die bisher genannten drei Weisen des Umgreifenden, das wir sind, sind bezogen auf Welt (als Weise des Umgreifenden, welches das Sein ist). Jaspers nennt sie darum auch die drei immanenten Weisen des Umgreifenden, das wir sind.

Der Sprung zwischen ihnen und der Existenz ist nicht vergleichbar mit den Sprüngen innerhalb der immanenten weisen.

Existenz zeigt sich in dem Ungenügen der immanenten Weisen. Sie ist der Raum der Eigentlichkeit (den Geist hatten wir charakterisiert als den Raum der Ganzheit). Als Möglichkeit der Tiefe unseres Selbstseins, als Ursprung unserer eigentlichen Wirklichkeit, als Ort einmaliger, konkreter, unvertretbarer Geschichtlichkeit wird sie ergriffen oder verfehlt in der Entscheidung. Der Sprung zwischen ihr und den immanenten Weisen des Umgreifenden, das wir sind, ist der Sprung zwischen Vertretbarkeit und Unvertretbarkeit. Existenz ist bezogen auf Transzendenz, durch die sie sich im Glauben geschenkt weiß.

Eine Weise des Umgreifenden bleibt noch zu charakterisieren: *Vernunft*. Sie ist „das einigende Band aller Weisen des Umgreifenden in uns." Wenn der Geist die Einheit der immanenten Weisen des Umgreifenden in Idee und Gehalt zu stiften sucht, so die Vernunft die Einheit *aller* Weisen. Die Einheit des Umgreifenden für uns nennt Jaspers die Wahrheit. Vernunft ist auf Wahrheit bezogen, nicht auf Einzelwahrheit, sondern auf die Einheit der Wahrheit, als die das eine Umgreifende für uns ist. Wahrheit ist für die Vernunft kein Besitz, nur Weg. Die Bewegung der Vernunft im grenzenlosen Offensein für Wahrheit überhaupt heißt der Bildungsprozess der Vernunft. (Hier stoßen wir auf den Bildungsbegriff b)) Der Weg der Vernunft ist kein kontinuierlicher, an dessen Ende der Besitz der Wahrheit stände, nein, Wahrheit ist nur im Durchbruch. Im Durchbruch erscheint die Wahrheit in beiden Gestalten von Autorität und Ausnahme.

2. Es ist nun zu betrachten, wie das Umgreifendsein des Menschen sich konkret-geschichtlich verwirklicht in der *Bildung*.

a) *Bildung vor der Welt* oder Bildendes Denken.

Das Bewusstsein überhaupt und seine Tätigkeit, das Denken oder Erkennen (die Worte bezeichnen dasselbe), ist aus eigenem Ursprung gehaltlos. Es ist reine Formalität. Seine Sonderstellung unter den Weisen des Umgreifenden liegt darin, dass nur in ihm alle anderen Weisen des Umgreifenden für uns erhellbar sind. Was wir nicht denken, nicht in der Sprache mitteilen können, gibt es für uns nicht. Das Denken bezieht seine Inhalte aus den anderen Weisen des Umgreifenden. „Erst als allen anderen Weisen des Umgreifenden erwachsen die Gehalte, die im Denken zur Klarheit kommen." (225) Das Denken ist also „das unerläßliche Medium allen Seins für uns." (226)

Zur reinen Formalität des Erkennens gehört seine Bewegung. „Im Wesen des Erkennens ... liegt die Bewegung als die unumgehbare Form seiner Wirklichkeit." (302) Es ist die Bewegung, welche die anderen Weisen des Umgreifenden als Gehalte des Bewusstseins überhaupt erfasst.

Jaspers sieht die Bewegung als Zeitlichkeit, Aktivität und Mitteilung. (Da das bildende Denken zum Abschnitt Aktivität gehört, interessiert uns jetzt nur dieser). Die Wirklichkeit des Denkens ist der Wille in ihm, denn Denken ohne Seinsbezug ist Nicht-Denken. Darum ist Erkennen Praxis (denkendes Tun). Es gibt drei Weisen der Praxis:

1. Tätiges Hervorbringen in der Welt (arbeitendes, einrichtendes, handelndes und wissenschaftliches Denken),
2. Erwirken der Freiheit durch inneres Handeln,
3. Bewusstsein der Methode.

Das zweite ist für uns wichtig, das Erwirken der Freiheit im inneren Handeln. Jaspers unterscheidet vier sich ergänzende Möglichkeiten des inneren Handelns: das spielende, das *bildende*, das existenzielle und das kontemplative Denken. Hier haben wir den systematischen Ort des Bildungsbegriffes A), des immanenten Bildungsbegriffes, erreicht.

Fassen wir zusammen: Bildung ist erst einmal Selbstzweck. Inhaltlich bestimmt sie sich:

- als *Aneignung* geistiger Gehalte. Jaspers sagt dazu in dem Kapitel „Welt": „Wo ich vom Verstehen zum Aneignen schreite, wird mir wissenschaftliche Erkenntnis zum Mittel der Hervorbildung der eigenen geistigen Wirklichkeit" (88)

- als *Gegenwärtigkeit* der Überlieferung, und zwar als in klaren Rangverhältnissen geordnete Gegenwärtigkeit. (Der Terminus „Erfüllung der Seele", synonym gebraucht mit Gegenwärtigkeit, scheint mir bei Jaspers nicht die Betonung zu haben, die Mayer ihm in seiner Dissertation gibt.) Unter überlieferter Anschauung ist zu verstehen die Tiefe der Bilder (also die geistige Geformtheiten) und die Gestalten der Größe (also die ihre eigene geistige Geformtheit erreichenden Menschen)
- als gleichsam *zweite Natur,* zu welcher die lebendige Gegenwärtigkeit der Überlieferung wird.
- als *Annäherung an das Allgemeine*, mit dem Ziel der wirklichen Erscheinung des Allgemeinen in persönlicher Gestalt.
- als *Disziplin* aus der Kontinuität des Ernstes der geistigen Gehalte. Diese Disziplin interpretiert Mayer als Bildungsbereitschaft, und er scheint mir Recht zu haben, wenn er sagt, dass damit ein fruchtbarer Begriff in die Pädagogik eingeführt ist, der die Vorherrschaft des Begriffs der Bildsamkeit begrenzen wird und muss.

Der Vergleich mit dem existenziellen Denken zeigt das Charakteristische dieses Bildungsbegriffs noch deutlicher: Bildung als Ganzsein, als Natur gewordene Ordnung des Geistes ist allein bezogen auf die immanenten Weisen des Umgreifenden, das wir sind, und steht somit *vor der Welt*. Bildung ist hier Verwirklichung einer Einheit, und zwar der im Geist angelegten Einheit der immanenten Weisen des Umgreifenden das wir sind, also der Einheit von Dasein, Bewusstsein überhaupt und Geist und ihrem Gegenüber, der Welt.

b) *Bildung vor der Wahrheit* oder Der Bildungsprozess der Vernunft

Die Einheit aller, der immanenten wie transzendenten Weisen des Umgreifenden für uns ist die Einheit der Wahrheit. Nach ihr strebt die Vernunft (als das einigende Band aller Weisen des Umgreifenden in uns) in ihrer Bewegung der grenzenlosen Offenheit für Wahrsein. Sie hat die Wahrheit niemals als die Eine, sie ist auf dem Weg. Die Wahrheit erscheint der Vernunft im Durchbruch in den Gestalten von Autorität und Ausnahme. Die Bewegung der Vernunft auf dem Wege zur Einheit des Wahren nennt Jaspers den Bildungsprozess der Vernunft. In zweierlei Sinn: einmal in einem philosophiegeschichtlichen als Prozess, der sich von Anaximander bis heute vollzogen hat, zum anderen aber, und das ist für uns entscheidend, als *Bildungsprozess der Vernunft des je einzelnen*. Er nennt diese Bildung auch, im Unterschied zu seinem zuerst behandelten Bildungsbegriff, die Bildung des erweiterten Bewusstseins, des Bewusstseins, welches durch Vernunft über den Rahmen des rein Immanenten in Richtung auf die Einheit aller Weisen des Umgreifenden erweitert ist.

Fassen wir zusammen: Bildung in diesem Sinne ist *der Weg des Wahrwerdens im unvollendbaren Ganzen*. Er zeigt sich ...

- im Freiwerden für die Einheit des Wahren,
- im Bewusstwerden der Grenzen und Bedingtheiten aller Einzelwahrheit,
- im Bewusstwerden der Relativität alles Fixierten,
- im Hellwerden der Unbedingtheit als Voraussetzung der „eigentlichen Kommunikation".

Bildung in diesem Sinne steht vor der Wahrheit als der Einheit *aller* Weisen des Umgreifenden, der immanenten *und* der transzendenten.

c) Beziehung zwischen den Bildungsbegriffen A und B.

Bildung ist Verwirklichung des Umgreifendseins des Menschen, im Bildungsbegriff A, dem immanenten Bildungsbegriff, als *Ganzsein*, im Bildungsbegriff B, dem umgreifenden (metaphysischen) Bildungsbegriff, als *Einheit von Ganzsein und Eigentlichsein*. Der Begriff B umfasst also den Bereich des Begriffes A mit, denn die Einheit von Ganzsein und Eigentlichsein ist nur zu verwirklichen, wenn Ganzsein für sich verwirklicht ist. Im Grunde bilden die beiden Begriffe eine Einheit. Das kann nicht wunder nehmen, denn das Umgreifende, auf das beide bezogen sind, ist ein Eines. Die beiden Bildungsbegriffe treten lediglich als Erhellungshilfen systematisch auseinander (wie die Unterscheidungen der Weisen des Umgreifenden). Wir müssen beide jederzeit als Einheit denken.

Trotzdem, oder gerade deswegen, muss ich Anton Mayer zum Vorwurf machen, dass er die beiden Bildungsbegriffe systematisch nicht unterschieden hat. Wenn Jaspers sie als Erhellungshilfen auseinandertreten lässt, so müssen wir, wenn wir erhellen wollen, was Jaspers meint, seinem Wege folgen und Differenziertheit und Einheit in ihrem Widerspiel sehen.

Autonomie und Heteronomie der Erziehung in Schleiermachers Pädagogik

Seminarreferat, Münster, Sommersemester 1960

Das Autonomieproblem in der Pädagogik ist ein doppeltes. Es hat eine praktische und eine theoretische Seite. Auf seiner praktischen Seite äußert es sich als die Frage nach Abhängigkeit oder Unabhängigkeit der *Erziehung* von bestimmten gesellschaftlichen Organisationsformen, wie Staat, Kirche, Familie; auf der theoretischen Seite als Frage nach Abhängigkeit oder Unabhängigkeit der Erziehungs-*theorie* von anderen, allgemeineren philosophischen oder wissenschaftlichen Disziplinen, wie Ethik, Metaphysik, Psychologie etc. Man kann die praktische Frage von der wissenschaftstheoretischen *methodisch* trennen, sofern man nicht vergisst, dass es sich im Grunde um zwei Seiten des gleichen Problems handelt. Ich will mich hier auf die praktische, die Frage nach der gesellschaftlichen Autonomie oder Heteronomie der Erziehung beschränken, so wie sie sich in Schleiermachers Pädagogik darstellt. Die Behandlung des theoretischen Problems würde uns zu weit in die schleiermachersche Philosophie, speziell in die Wissenschaftstheorie der Ethik, hineinführen.

Damit deutlich werde, warum überhaupt Schleiermacher das Autonomieproblem behandelt, welchen Sinn und welche Bedeutung es hat, muss ich mit wenigen, typisierenden Strichen die geschichtliche Situation zeichnen, auf die Schleiermacher sich bezieht und aus der heraus er seine Auffassung des Autonomieproblems entwickelt. Ich will das tun, indem ich die geschichtlichen Tendenzen, zu denen Schleiermacher in diesem Zusammenhang Stellung nimmt, anhand einiger typischer Vertreter zu kennzeichnen suche.

Die Pädagogik hat nicht immer auf ihre Autonomie reflektiert. In Zeiten stabiler Gesellschaftsordnung, wenn der gesellschaftliche Ort, wo Erziehung geschieht und zu geschehen hat, durch Tradition und Konvention unbestritten festliegt, besteht kein Anlass, die Frage nach Autonomie oder Heteronomie der Erziehung überhaupt aufzuwerfen. Der typische Vertreter eines solchen Verhältnisses ist *Christian Wolff*. Wolffs Pädagogik spiegelt diesen stabilen Zustand. Erzieher sind nach Wolff ausschließlich die Eltern. Alle Personen, die sonst noch an der Erziehung beteiligt sind – von der Amme über den Hauslehrer bis zum Pastor und Professor – sind nur Erziehungsgehilfen, oder „vicarii" der Eltern. Der Ort der Erziehung ist prinzipiell die Familie, die „societas paterna".

Nach dieser Auffassung ist die Erziehung zwar autonom gegen den Staat, jedoch ist das keine Autonomie im strikten Sinne; denn von Autonomie können wir eigentlich nur dann sprechen, wenn die Erziehung ihren Auftrag im Rahmen einer *eigenen* gesellschaftlichen Organisationsform erfüllt und nicht wie ein Appendix an andere Organisationsformen angehängt ist, an den Staat, die Kirche oder die Familie. Es handelt sich also um eine Heteronomie, jedoch nur objektiv gesehen; denn die Heteronomie ist nicht bewusst, sie ist nicht philosophisch reflektiert.

Wenn aber die Sozialordnung ihre Stabilität verliert, wenn sie labil und problematisch wird, wenn das ganze bestehende System in Frage gestellt wird, kurz: Wenn die Gesellschaft mit der Revolution schwanger geht, dann kann sich auch die Erziehung dieser Bewegung nicht entziehen. Ihr altes Ausschließlichkeitsverhältnis zur Familie wird nicht mehr unbestritten hingenommen, und es erwacht *das öffentliche Interesse an der Erziehung*. Die Erziehung wird erkannt als ein *Mittel der bewussten Gesellschaftsgestaltung*, und die Frage, welchen gesellschaftlichen Ort die Erziehung haben soll, wird in voller Bewusstheit aufgeworfen. In diesem Zusammenhang steht das Autonomieproblem.

Das öffentliche Interesse an der Erziehung kann sich nun in zwei verschiedenen Richtungen äußern: es kann auf die Veränderung der sozialen Ordnung gerichtet, also revolutionär, es kann auch auf die Bewahrung des Bestehenden gerichtet, also konservativ sein.

Betrachten wir zunächst die revolutionäre Seite, Hier können wir unterscheiden zwischen der Rolle der Erziehung bei der *Vorbereitung* der Revolution und ihrer Rolle *nach* der vollzogenen Umwälzung. Für das erste soll uns Rousseau als Repräsentant dienen, für das zweite der Geschichtsphilosoph und girondistische Politiker Condorcet.

Die Erziehung Emiles ist konsequent gegen die bestehende Gesellschaft und den bestehenden Staat gerichtet. Emile soll ein Mensch werden, der frei ist von den Verderbtheiten der bestehenden Ordnung. Wo kein Vaterland ist, da gibt es auch keine Bürger, so etwa sagt Rousseau. Diesem revolutionären Ansatz gemäß muss die Erziehung autonom sein, völlig frei von den Formen der bestehenden Sozialordnung, auch von der Familie: Emile wird von der Familie isoliert erzogen.

Nach der vollzogenen Umwälzung stellt sich das Autonomieproblem neu. Wir finden es behandelt in dem theoretischen Teil des Erziehungsprogramms von Condorcet. Die Revolution hat das Prinzip der Gleichheit zum Tragen gebracht. Die Gleichheit vor dem Gesetz ist jedoch, nach Condorcet lediglich eine *formale* Gleichheit. Die wirkliche Gleichheit wird verhindert durch die Ungleichheit des Besitzes, speziell durch den Widerspruch von Kapital und Arbeit. Condorcet, der Girondist, denkt natürlich nicht daran, den Widerspruch zwischen Kapital und Arbeit aufzuheben, aber sieht ganz klar die Gefahren, die die Ungleichheit für den revolutionär etablierten Staat birgt. Der Gegensatz von Besitz und Nichtbesitz kann abgemildert werden durch die Gleichheit der Erziehung. Wenn alle Mitglieder der Gesellschaft die gleichen Bildungschancen haben, so meint Condorcet, dann würde der begabte Besitzlose Eigentum erwerben – und der unbegabte Besitzende Eigentum verlieren müssen, und der statische Widerspruch der Klassen wäre überwunden durch eine dynamische Mobilität zwischen ihnen. Damit die Erziehung ihre so gestellte Aufgabe, Hüterin und Garant der Gleichheit zu sein, wirksam erfüllen kann, muss sie *autonom* sein. Diese Autonomie, die sich manifestieren soll als *vollkommene Selbstverwaltung des Erziehungsbereiches* der Gesellschaft, soll verhindern, dass die besitzenden Klassen das Erziehungswesen manipulieren zu dem Zwecke, ihre gesellschaftliche Vorrangstellung zu zementieren und dadurch konterrevolutionär zu werden. – Der Zusammenhang zwischen dem Autonomieproblem der Erziehung und der Frage nach der gesellschaftlichen Gleichheit wird hier bei Condorcet zum ersten Mal ganz deutlich. Bei Schleiermacher werden wir ihn wiederfinden.

Das öffentliche Interesse an der Erziehung kann sich aber auch *im konservativen Sinne* äußern. Die Erziehung wird betrachtet als ein Mittel, die bestehende soziale Ordnung zu erhalten und zu festigen. Als einen typischen Vertreter dieser Richtung nenne ich den deutschen Pädagogen August Hermann Niemeyer. Ziel der Erziehung ist, dass jedes Mitglied der Gesellschaft zum Bewusstsein seiner besonderen gesellschaftlichen Funktion im Rahmen des Ganzen – und damit seiner besonderen gesellschaftlichen Würde kommt. Ein in diesem Sinn erzogener Bauer wird nicht die Beseitigung der Fronverhältnisse oder die Auflösung des Großgrundbesitzes verlangen, ein so erzogener Arbeiter wird nicht nach Eigentum streben, sondern mit Freuden Arbeiter sein, der Kaufmann wird nicht regieren wollen, und der Adel wird seinen Hochmut und Dünkel verlieren und das Ganze segenreich beherrschen. Damit die Erziehung aber ihren Teil zur Stabilisierung der bestehenden Sozialordnung beitragen kann, muss sie verbessert werden; d. h. der Staat muss sich mehr als bisher um die Erziehung kümmern, wenn er nicht seine eigene Existenz und damit die der durch ihn repräsentierten Sozialordnung leichtfertig aufs Spiel setzen will. Aus dem öffentlichen Interesse an der Erziehung im konservativen Sinn ergibt sich demnach konsequenterweise die Forderung nach Heteronomie der Erziehung, namentlich gegenüber dem Staat. Der Staat hat – fast unbeschränkt – den ‚Beruf zur Erziehung'.

Eine Erziehung, wie Niemeyer vorschlägt, wird Irrlehren wie die von Freiheit und Gleichheit erst gar nicht aufkommen lassen. Erforderlich dazu ist aber auch, dass bestehende Missstände beseitigt werden, und auch dazu kann die Erziehung beitragen. Genauer gesagt ist nach Niemeyer das Ziel der Erziehung folgendes: das bestehende System der Ungleichheit konservieren, indem es auf eine höhere Stufe des Bewusstseins gehoben wird, um die Unvollkommenheiten und Missstände des Systems zu beseitigen, damit der Revolution kein Ansatzpunkt geliefert wird. Der Weg der konservativen – staatsheteronomen – Erziehung ist also das *Verbessern*. Das bestehende System soll so verbessert werden, dass seine Struktur, die soziale Ungleichheit, möglichst rein zum Ausdruck komme. – Demgegenüber ist der Weg der revolutionären Pädagogik das *Verändern*; die Erziehung soll dazu beitragen, das bestehende System der Ungleichheit durch ein neues der Gleichheit zu ersetzen. Zwischen Revolution und Konservativismus, zwischen Verändern und Verbessern, spielt sich seitdem die Autonomiedebatte ab.

Nach diesem zusammenfassenden, typisierenden Überblick über den zeitgeschichtlich-politischen Hintergrund kann ich mich nunmehr dem Autonomieproblem bei Schleiermacher zuwenden. Entscheidend für Schleiermachers Haltung zu den aufgezeigten Tendenzen ist seine Stellung zur französischen Revolution (cf. Zitatzusammenstellung bei Schuffenhauer). Sie ist folgendermaßen zusammenzufassen: Schleiermacher bejaht die sich in der Revolution ausdrückende geschichtliche Bewegung in Richtung auf Freiheit und Gleichheit; er steht insofern auf Seiten Rousseaus und Condorcets. Die Revolution selbst aber, als geschichtliches Faktum, wird abgelehnt; insofern steht Schleiermacher auf der Seite der Konservativen. Die Ereignisse der Jakobinerdiktatur und der konterrevolutionäre Umschlag in den Bonapartismus hat in weiten Kreisen der deutschen liberalen Intelligenz – Schleiermacher steht da nicht allein – tiefes Misstrauen gegen die Zweckmäßigkeit des revolutionären Weges hervorgerufen. Aus dieser Zwiespältigkeit der Haltung muss Schleiermacher einen Ausweg suchen, und findet ihn in der Theorie der *schrittweisen Evolution*. Politik und Erziehung sollen das revolutionäre Ziel von Freiheit und Gleichheit ohne Revolution erreichen.

Die Theorien Rousseaus und Condorcets sind voneinander getrennt durch die dazwischen faktisch vollzogene Umwälzung. Da Schleiermacher die Revolution verneint, muss für ihn das Problem der Herstellung der Gleichheit und die Sicherung der Gleichheit, also die Absicht Rousseaus und die Absicht Condorcets, in eins fallen: die Erziehung hat beides zugleich zum Ziel. Dadurch verliert aber das ‚Verändern‘ seinen spezifisch revolutionären Sinn und gerät in die Nähe des konservativen ‚Verbesserns‘. Während jedoch bei Niemeyer das Verbessern die Erhaltung des Bestehenden zum Ziel hat, ist das Ziel des Verbesserns bei Schleiermacher die Veränderung. Die Veränderung soll gewissermaßen das Resultat allen Verbesserns sein. Es handelt sich also um eine Kombination des revolutionären Zieles mit dem konservativen Weg. Expressis verbis finden wir das bei Schleiermacher in jenen Abschnitt der Pädagogikvorlesung von 1826, den er selbst bezeichnet als eine Bemerkung „über die eigentliche Bedeutung unserer Theorie" (S. 62–67). Dort stellt er den Leitsatz auf: „Erhalten und Verbessern". In diesem Zusammenhang muss ich vor einem Missverständnis warnen. Wenn man diesen Leitsatz losgelöst von dem Zusammenhang, in dem Schleiermacher ihn entwickelt interpretiert, könnte man ihn dergestalt deuten, dass die beiden Seiten Erhalten und Verbessern gleichmäßig akzentuiert werden. Der Zusammenhang ist aber der schon angedeutete. Aus den Exzessen der französischen Revolution glaubt Schleiermacher den Schluss ziehen zu müssen, dass die Zerstörung des Bestehenden ein *Untaugliches Mittel* sei, die Verbesserung mit dem Ziel des Veränderns zu erreichen. Das Erhalten des Bestehenden ist für Schleiermacher lediglich die *Bedingung*, die notwendige Vorbedingung, für die Möglichkeit des Verbesserns mit dem Ziel der Veränderung. Der Akzent in dem Leitsatz liegt also eindeutig auf dem Verbessern, und nicht auf dem Erhalten, weil das Bedingte immer wichtiger ist als die, wenngleich notwendige, Bedingung, weil das Ziel immer bedeutsamer ist als das, wenngleich unerlässliche, Mittel.

In dem Leitsatz „Erhalten und Verbessern" und seinem Zusammenhang mit der durch die Revolution geschaffenen zeitgeschichtlich-politischen Situation erkennen wir die Wurzel und den eigentlichen Sinn dessen, was wir neulich hier den prozessualen Charakter der schleiermacherschen Pädagogik genannt haben.

Dieser prozessuale Charakter kommt nicht nur seiner Pädagogik zu, sondern er ist der Grundzug des schleiermacherschen Denkens überhaupt. Das höchste Gut, so hörten wir schon im Ethikreferat, ist die vollkommene Vereinigung von Vernunft und Natur; im Bereich der organisierenden Tätigkeit bedeutet das die vollkommene Gestaltung der menschlichen Lebensverhältnisse nach den Prinzipien der in allen Menschen identischen Vernunft. Die Verwirklichung des höchsten Gutes geschieht in einem fortschreitenden Prozess. Dieser Prozess hat zwei Agentien: einmal das Handeln der Menschen, die in ihren sittlichen Werken Vereinigungen von Vernunft und Natur neu schaffen, zweitens alle Einzelgüter, das sind Bereiche, in denen die Einheit von Vernunft und Natur bis zu einem gewissen Grade schon verwirklicht ist; denn von diesen Einzelgütern aus ist eine weitergehende Vereinigung von Vernunft und Natur eher möglich, als wenn die Menschen immer wieder von vorn anfangen müssten. Wir sehen hier, dass der pädagogische Prozess nur eine Seite des gesamtgesellschaftlichen Prozesses ist, den die Ethik zum Gegenstande hat. Auch hier: das Erhalten der Güter quasi als Produktionsmittel der Sittlichkeit, und ihre stets fortschreitende Verbesserung durch sittliches Handeln.

Weil Schleiermacher diesen Prozess als einen linearen Fortschritt vom Schlechteren zum Besseren in Richtung auf die Verwirklichung des höchsten Gutes ansieht, kann man bei ihm von einer Theorie der Progressivität sprechen. Der Progressivitätsgedanke ist der Kerngedanke der schleiermacherschen Ethik überhaupt.

Das höchste Gut für die Gesamtheit der Menschen (darin unterscheidet sich Schleiermacher von den antiken Güterlehren, die das höchste Gut immer nur in Beziehung auf den Einzelmenschen sahen). Deshalb kann es nur verwirklicht werden, wenn die Individualität jedes einzelnen Menschen voll zum Tragen kommt. D.h. das höchste Gut kann nur kollektiv verwirklicht werden, nur geschichtlich. Damit hängt es auch zusammen, dass Schleiermacher das Problem der Erziehung nicht mehr anhand des Verhältnisses eines isolierten Erziehers zu einem isolierten Zögling betrachtet, wie das bisher in der pädagogischen Theorie üblich war, sondern anhand eines Kollektivverhältnisses, nämlich der jeweils älteren zur jeweils jüngeren Generation. – Wenn nun zur Verwirklichung des höchsten Gutes eine jede Individualität in ihren besonderen Anlagen und Fähigkeiten nötig ist, so muss jede angestammte, also nicht natürliche Ungleichheit, die der Entfaltung der Individualitäten entgegensteht, also die Ungleichheit der Stände und Klassen, beseitigt werden. Schritt für Schritt muss die gesellschaftliche Gleichheit hergestellt werden. Der Kreis schließt sich – wir sind an den Ausgangspunkt unserer Betrachtung zurückgekehrt.

Dieser etwas weiter gespannte Bogen der Interpretation war nötig, damit wir verstehen, wie Schleiermachers Auffassung des Autonomieproblems mit dem Kernanliegen seines Denkens überhaupt zusammenhängt. Condorcet hatte in seinem revolutionären Ansatz die völlige Autonomie der Erziehung programmatisch gefordert, Niemeyer in seinem konservativen Ansatz prinzipiell die Staatheteronomie. Für Schleiermacher kommt es, wie wir wissen, darauf an, das revolutionäre Ziel mit dem konservativen Weg zu verbinden, die Veränderung auf dem Weg des Verbesserns zu erreichen. Diese Konzeption äußert sich auch in seinen Auffassungen über den Beruf des Staates zur Erziehung. In dieser Abhandlung sind die beiden Seiten Autonomie und Heteronomie, in ein dynamisches Verhältnis zueinander gebracht. Die Staatsheteronomie der Erziehung ist zulässig unter zwei Bedingungen: die erste bezieht sich auf die horizontale, die zweite auf die vertikale Gliederung der Gesellschaft. Die horizontale Gliederung ist die nach Ständen oder, wie Schleiermacher auch sagt, Klassen. Diese Gliederung ist – nach Schleiermachers romantischer Vorstellung – durch die Unterwerfung einer Urhorde durch eine andere entstanden. In der Klassengesellschaft hat der Staat die Aufgabe, die sozialen Gegensätze politisch zu beseitigen; dazu darf und muss er auch in die Erziehung eingreifen. Das setzt allerdings voraus, dass die Regierung sich von ihrer traditionellen Bindung an den herrschenden Stand löst und ihre Politik – und damit auch ihren Eingriff in die Erziehung – im Interesse „einer höheren Potenz der Gemeinschaft", also für einen höheren Grad gesellschaftlicher Gleichheit, einrichtet. Eine Staatsregierung, die die Verfestigung der sozialen Ungleichheit zum Zwecke hat, würde ein Hindernis auf dem Wege zur Verwirklichung des höchsten Gutes darstellen, wäre als ethisch unzulässig. (Wir haben hier – das sei in Parenthese bemerkt – ein praktisches Beispiel vor uns für jene Aussage Schleiermachers, dass Pädagogik und Politik einander koordinierte technische Disziplinen der Ethik seien, S. 42.)

Die zweite Bedingung, unter der ein Beruf des Staates zur Erziehung ethisch gefordert ist, bezieht sich auf die vertikale Gliederung der Gesellschaft. Wenn die Eigenheiten und Eigeninteressen der Provinzen und Stämme aufgehoben werden sollen in dem Bewusstsein einer höheren nationalen Einheit, dann ist das ein ethisch zulässiges Motiv für eine pädagogische Wirksamkeit des Staates. Der Beruf des Staates zur Erziehung ist immer dann gegeben, wenn er in der Lage ist, „eine höhere Potenz der Gemeinschaft ... zu stiften", d. h. wenn er damit eine höhere Stufe der Kollektivität erreichen kann, die ein Fortschritt ist auf dem Wege der Verwirklichung des höchsten Gutes.

Ist das Ziel erreicht, ist – horizontal gesehen – die Gleichheit und – vertikal gesehen – die Einheit hergestellt, dann verliert der Staat seinen Beruf zur Erziehung. Dann wird die Heteronomie (im Sinne Niemeyers) ethisch sinnlos, und die Autonomie (im Sinne Condorcets) tritt an ihre Stelle. Die Heteronomie ist gewissermaßen ein notwendiges Übel auf dem Weg zur Autonomie. Deutlicher – scheint mir – lässt sich die Kombination von konservativer Methode und revolutionärem Ziel nicht illustrieren.

Ich habe mich auf die praktische, die gesellschaftlich-politische Seite des Autonomieproblems beschränkt. Ich sagte ja schon eingangs, dass dieses Problem auch eine wissenschaftstheoretische Seite hat, sofern es die Abhängigkeit oder Unabhängigkeit der Pädagogik als Wissenschaft von anderen Disziplinen, bei Schleiermacher vornehmlich der Ethik, betrifft. Jetzt, am Ende meines Referates, möchte ich Ihnen in Form eines kurzen Ausblicks die Verbundenheit der beiden Seiten des Problems zeigen, indem ich Sie auf ein überraschendes Phänomen aufmerksam mache, auf das wir im schleiermacherschen Text stoßen. Die beiden Seiten stehen im Verhältnis einer umgekehrten Spiegelung. Wenn im politischen Bereich der Frage die Heteronomie das notwendige Übel ist auf dem Wege zur Autonomie, so ist es im wissenschaftstheoretischen Bereich genau umgekehrt. Allein das Fehlen einer allgemein anerkannten Ethik, also ein Mangel, ist der Grund der Notwendigkeit einer autonomen Erziehungswissenschaft. Wenn die Ethik sich vervollkommnet hat und allgemein anerkannt ist, hört die Pädagogik auf, autonom zu sein, und wird applikativ, Anwendungswissenschaft. – Wie dieses Verhältnis der umgekehrten Spiegelung nun im Einzelnen aus dem Zusammenhang des schleiermacherschen Systems exakt abzuleiten und zu erklären ist, das habe ich noch nicht ganz herausgefunden.

Alexandra Retkowski | Angelika Treibel |
Elisabeth Tuider (Hrsg.)
Handbuch Sexualisierte Gewalt
und pädagogische Kontexte
Theorie, Forschung, Praxis
2018, 1026 Seiten, Hardcover
ISBN: 978-3-7799-3131-7
Auch als E-BOOK erhältlich

In den letzten Jahren ist ein umfangreicher Kenntnisstand zu Ausmaß, Erscheinungsformen und Folgen von sexualisierter Gewalt sowie zu den fachlichen Standards des Umgangs in den verschiedenen pädagogischen Kontexten entstanden.

Das interdisziplinäre Buch versammelt in über hundert Einzelbeiträgen aus Theorie, Forschung und Praxis historisierende und theoretische Analysen sowie Beiträge zu gesellschaftlichen, institutionellen, organisationalen und personalen Kontexten von sexualisierter Gewalt.

Das Handbuch bündelt das bestehende Wissen zur Gestaltung von Schutz, Prävention und Intervention, Aufdeckung, Bewältigung und Aufarbeitung und ist unverzichtbare Orientierungshilfe in der Weiterentwicklung von Disziplin und Profession.

www.beltz.de
Beltz Juventa · Werderstraße 10 · 69469 Weinheim

Ute Frevert u. a.
Wie Kinder fühlen lernten
Kinderliteratur und Erziehungsratgeber
1870–1970
2021, 378 Seiten, Hardcover
ISBN: 978-3-7799-6279-3
Auch als E-BOOK erhältlich

Gefühle sind uns angeboren und waren immer gleich? Mitnichten. Erst in der Auseinandersetzung mit ihrer sozialen und kulturellen Umgebung lernen Kinder, wie und was man fühlen darf und wie man diese Gefühle ausdrücken kann.

Die 13 Autorinnen und Autoren zeigen, dass sich Gefühle und Vorstellungen vom »richtigen Fühlen« in den vergangenen 150 Jahren massiv gewandelt haben. Dazu nutzen sie Kinderbücher und Ratgeber, denn Kinder beobachten nicht nur das Verhalten von Anderen. Sie orientieren sich auch an fiktiven Gestalten, die ihnen in Geschichten und Filmen begegnen.

www.beltz.de
Beltz Juventa · Werderstraße 10 · 69469 Weinheim

Milena Feldmann | Markus Rieger-Ladich |
Carlotta Voß | Kai Wortmann (Hrsg.)
Schlüsselbegriffe der
Allgemeinen Erziehungswissenschaft
Pädagogisches Vokabular in Bewegung
2., überarb. und erw. Aufl. 2024,
504 Seiten, Hardcover
ISBN: 978-3-7799-7883-1
Auch als E-BOOK erhältlich

Das pädagogische Vokabular wird von Begriffen geprägt, die manche als »einheimi-
sche« kennzeichnen. Aber es gibt auch eine Vielzahl von »Neuankömmlingen«, die in
Anspruch genommen werden, wenn es darum geht, die Veränderungen des pädagogi-
schen Feldes zu beobachten und auf den Begriff zu bringen. Das Buch reflektiert diese
Entwicklung, verschafft einen lesbaren, prägnanten Überblick über das pädagogische
Vokabular und setzt sich kritisch mit der Genese, Bestimmung und Verwendung der
Begriffe auseinander. Dabei geht es darum, den pädagogischen Diskurs in seiner
Widersprüchlichkeit, Ungleichzeitigkeit und Dynamik möglichst unvoreingenommen
und multiperspektivisch zum Gegenstand zu machen.
In der zweiten, erweiterten Auflage wird diesem Anspruch mit vier neuen Begriffen
Rechnung getragen. Auf diese Weise bleibt das Buch ein attraktives Nachschlagewerk
und Ideengeber für Student*innen, Doktorand*innen und Fachwissenschaftler*innen.

www.beltz.de
Beltz Juventa · Werderstraße 10 · 69469 Weinheim

Johanna Mierendorff | Thomas Grunau |
Thomas Höhne (Hrsg.)
Der Elementarbereich im Wandel
Prozesse der Ökonomisierung
des Frühpädagogischen
2022, 264 Seiten, broschiert
ISBN: 978-3-7799-6556-5
Auch als E-BOOK erhältlich

Vor dem Hintergrund der Neujustierung von Politik, Wirtschaft und Elementarsystem seit Beginn der 2000er Jahre werden in dem Sammelband die veränderten ökonomischen, organisatorischen und institutionellen Bedingungen außerfamilialer Kindertagesbetreuung in den Blick genommen.

Die Beiträge setzen sich aus unterschiedlichen Perspektiven mit Fragen nach dem Phänomen der Ökonomisierung selbst, nach der politischen und administrativen Steuerung von Ökonomisierungsprozessen sowie nach deren Folgen für die Außendarstellung und die Binnenverhältnisse der pädagogischen Praxis auseinander.

www.beltz.de
Beltz Juventa · Werderstraße 10 · 69469 Weinheim